Andy Schwab & Nadine Jaeckle

Aura Reading

EchnAton Verlag

Andy Schwab

Nadine Jaeckle

Aura Reading

Wichtiger Hinweis

Die im Buch veröffentlichten Empfehlungen wurden von Verfasser und Verlag sorgfältig erarbeitet und geprüft. Eine Garantie kann dennoch nicht übernommen werden. Ebenso ist die Haftung der Verfasser bzw. des Verlages und seiner Beauftragten für Personen-, Sach- und Vermögensschäden ausgeschlossen.

2. Auflage Januar 2025

Bildnachweis Bilder innen:
AdobeStock, Pixabay, Shutterstock

Coverbild:
Covergestaltung: Diana Schulz
Umschlagmotiv: © Sviatoslav Khomiakov

Lektorat: Angelika Funk
Gesamtherstellung: Diana Schulz
Druck und Bindung: CPI books GmbH, Leck

ISBN: 978-3-937883-39-9

EchnAton Verlag, Wasserburger Str. 12, 83561 Ramerberg, Deutschland
www.echnaton-verlag.de vertrieb@echnaton-verlag.de

Dieses Buch ist all denen gewidmet,
die innerlich wissen, dass es zwischen
Himmel und Erde mehr gibt als das,
was man uns weismachen will.

Inhaltsverzeichnis

Einführung

Immer wieder werden wir gefragt, wie denn die Aura unseres Gegenübers aussehe, welche Farben wir erkennen können und wie das wunderbare Energiefeld bei der- oder demjenigen sich darstelle. Das Interesse am Aura-Sehen ist wahrlich groß – und vorab sei schon einmal gesagt: Es ist erlernbar!

Schenkt man den Werken früherer spiritueller Meister Glauben, so war ihnen das Aura-Sehen bereits vertraut. Heutzutage, so scheint es, ist uns diese Gabe jedoch eher abhandengekommen. Allerdings kennen viele einen Weg, die Aura sichtbar zu machen, nämlich mithilfe der Kirlianfotografie. Dabei handelt es sich um ein fotografisches Verfahren, bei dem die feinen elektrischen Entladungen von Ionen um einen Körper herum sichtbar gemacht werden. Alternativ dazu gibt es aber auch die Aura-Fotografie. Hierbei legt man eine Hand auf eine Platte, welche die Energie misst und daraus das Aura-Feld des Menschen errechnet – so entstehen diese wunderschönen farbigen Bilder.

Bei unserer Arbeit aber geht es uns weniger um die eindrückliche Farbenpracht der Aura, wie sie auf den Bildern der Kirlian- oder Aura-Fotografie erscheint, sondern vielmehr um die Informationen des feinstofflichen

Energiefeldes, das uns hilfreiche Hinweise zu Lebensthemen des Klienten liefert.

Mit diesem Büchlein möchten wir dir zwei Techniken vorstellen, mit denen du für dich und andere in einer freundlichen und ermutigenden Art das Handwerk des Aura Readings nutzen kannst. Bei diesen Techniken geht es weniger um die visuelle objektive Ausdrucksweise von Auren, sondern vielmehr um die Interpretation der wahrgenommenen Energiefelder.

Die erste Technik, die wir vorstellen werden, gründet auf der Yogaphilosophie und leitet sich von den verschiedenen Körperhüllen aus der Sicht des Yoga ab. Die zweite Methode hingegen ist eine sehr praktische Herangehensweise, die wir gerne in Beratungssitzungen anwenden.

Egal welche dieser beiden Varianten für dich infrage kommt, die Rahmenbedingungen sind immer die gleichen. Dabei geht es weniger um äußere Umstände wie Lichtverhältnisse oder ähnliches, sondern vielmehr um den inneren Zustand, um deine innere Haltung. Da dies ein sehr zentraler Punkt ist, erläutern wir diesen ausführlich in den Kapiteln ›Die Wahrnehmung‹ und ›Äußere und innere Sinne‹. Hier erfährst du mehr über die optimalen innerlichen Grundvoraussetzungen des Aura-Sehens.

Die praktischen Übungen in diesem Buch dienen deiner Inspiration. Es gibt kein Falsch oder Richtig, daher versuche erst gar nicht, etwas richtig zu machen. Die wichtigsten ersten Schritte sind Vertrauen und ein ›Sich-Erlauben‹. Eine Anleitung wie bei einem Rezept mit Geling-Garantie gibt es nicht. Es gilt hierbei auch nicht, Schema F zu befolgen oder gar schulisch etwas zu erlernen. Wir üben, probieren etwas aus – spielerisch, ganz ohne schulmeisterliche Lehre, ohne jeglichen Leistungsdruck und frei von Ehrgeiz. Nur so wird sich der Erfolg beim Aura-Sehen einstellen.

Farbliche Erscheinungen wie bei der Kirlian- oder Aura-Fotografie sind nicht zwingend, denn die Aura kann auch transparent oder wasserfarbig wahrgenommen werden. Auch durchsichtige Wellen wie bei einem Hitzeflimmern in der Ferne am Horizont sind möglich. Dies bedeutet, dass es keinerlei allgemeingültigen Schlüssel gibt, der einem bei der Interpretation hilft. Jede feinstoffliche Wahrnehmung ist eine individuelle Angelegenheit, die in ihrer Ausdrucksform unterschiedlich wahrgenommen werden kann.

Bei der Interpretation um ein Thema aber sollten die Ergebnisse zumindest ähnlich kongruent sein. Zum Beispiel kann dieselbe Person nicht kinderlos geblieben sein und gleichzeitig fünf Kinder zur Welt gebracht haben. Gewisse Fakten sind unumstößlich, also wahr oder unwahr. Aber Kinderlosigkeit kann auch fünf Fehlgeburten beinhalten.

Aus unserer Sicht ist die Wahrnehmung immer richtig, ihre Interpretation birgt aber Fehlerquellen. Durch das Üben am lebenden Menschen als Subjekt, das uns Rückmeldung geben kann, lernen wir, unsere Interpretation zu verbessern und zu schleifen. Daher gilt: Du solltest üben, üben, üben, denn mit jeder Aura-Lesung verfeinerst du deine Fähigkeit, die wahrgenommenen Informationen zu interpretieren. Beispielsweise ist ein starker Kinderwunsch, der sich aber nicht verwirklicht hat, eine solche Information, könnte aber eine falsche Interpretation bei ungeübten Medien hervorrufen. Sehr wichtig ist daher auch, dass du dich nicht durch eine entsprechende Rückmeldung entmutigen lässt.

Mit diesem Buch erhältst du eine Anleitung, mit der du das Gebiet des Aura-Sehens gelassen erforschen kannst. Solltest du bereits erste Erfahrungen mit deiner feinstofflichen Wahrnehmung gemacht haben und möchtest diese wiederbeleben, dann kann dieses Buch dir eine Hilfe sein. Wenn du lernen möchtest, gesehene und wahrgenommene Energien zu interpretieren, wird dir dieses Buch ebenfalls von Nutzen sein und du kannst an deinen Erfahrungen nahtlos anknüpfen.

Wir wünschen dir bei der Lektüre und beim Üben viel Freude, Gelassenheit und kindliche Neugier!

Unser persönlicher Einstieg

Nadine: Meine erste Aura-Wahrnehmung

Anfangs waren mir meine hellfühligen Wahrnehmungen eher unangenehm, manchmal sogar unheimlich. Ich verstand sie nicht und konnte sie auch nicht einordnen. Meine Freundin Stephanie ermunterte mich in ihrem Tanz- und Therapieraum zu ersten sensitiven Experimenten. Während sie das Licht gedimmt hatte und sich vor eine weiße Wand setzte, sollte ich nun schauen, ob ich bei ihr etwas ›Besonderes‹ erkennen könne, während sie in Trance ging oder einfach nur meditierte. In diesem Rahmen verlor ich meine Angst vor den übersinnlichen Wahrnehmungen und den feinstofflichen Ebenen und konnte mich ganz auf das Experiment einlassen. So erlaubte ich mir, spielerisch und ohne Erwartungen zu schauen, ob etwas passieren würde.

Schon bald erkannte ich einen Nebel um ihren Körper, der verschiedene Farben und Formen annahm. Ich konnte Gesichter und Symbole darin erkennen. Wie bei einem Nordlicht, so war auch dieser feinstoffliche Nebel in Bewegung und veränderte fortlaufend seine Form. Ich genoss und bestaunte dieses grandiose und unerwartete Farbenspiel.

Schon bald bemerkte ich jedoch, dass das Farbenspiel und die Formenvielfalt zwar wunderschön zum Anschauen waren, aber ich immer noch nicht wusste, was sie eigentlich bedeuteten. Was konnte ich mit den visuellen Eindrücken anfangen? Ich hatte zwar den Kanal geöffnet, um feinstoffliche Ebenen wahrzunehmen, aber was nun?

Meine andere Freundin Julia empfahl mir eine mediale Schule in Bern. So ließ ich mich ausbilden und lernte, die Aura zu interpretieren. Heute vertraue ich darauf, dass ich die Informationen, an die ich durch Hellsichtigkeit und Hellfühligkeit gelange, auch treffsicher interpretieren kann. Dies bedurfte viel Übung und Praxis und je mehr ich übte, desto sauberer wurden die Interpretationen der Auren.

Andy: Meine erste volle Aura-Sicht

Als ich die Aura das erste Mal so richtig in vollen Farben sah, war ich sprachlos und fühlte so etwas wie Ehrfurcht vor dieser erstaunlichen Farbenpracht. Einen Menschen so zu sehen, war unglaublich genial und schön. Der physische Körper war von einer farbigen Wolke umgeben, ähnlich einem leichten, leuchtenden Nebel .

Es war ein normaler Kursnachmittag während einer Ausbildungswoche in England am Arthur Findlay College. Unsere Lehrerin Mavis Pittilla hatte Mitarbeiter der Ausbildungsstätte eingeladen, damit wir Medialität und Sensitivität an uns fremden Personen üben konnten. Die Gäste waren gespannt darauf, dass wir endlich mit ihnen arbeiten würden, aber unsere Gruppe schien wie erstarrt.

Da meldete ich mich freiwillig. Als ich entschlossen aufstand und innerlich wie auch laut hörbar sagte: »Ich mache das jetzt!«, sah ich schlagartig die Aura der Testperson in vollen Farben. Ich sah aber nicht etwa nur die Aura meiner Testperson, nein, auch alle anderen Personen im Raum wechselten innerhalb von wenigen Sekunden die Farben und Formen ihrer Aura und alles Physische schien zu verschwinden. Dies war meine erste ›Vollfarben-Aura‹-Erfahrung.

Ich begann zunächst, die Aura grob zu beschreiben. Ich sah ein leuchtendes, freundliches Dunkel- bis Weinrot auf der rechten Seite des Kopfes meiner Testperson, über dem Gesicht ein sanftes Orange und rechts vom Kopf ein kräftiges Grün. Die linke Rumpfseite war weiter bis etwa zum Knie von dem gleichen Weinrot durchdrungen wie die Kopfseite und über seinem Rumpf sah ich verschiedene Blautöne in unterschiedlicher Intensität. Weiter unten an den Füßen schienen die Farben eher blass zu sein.

Zunächst fühlte ich mich in die rote Farbe ein und begann, mich mit ihr zu verbinden. Ich war überrascht festzustellen, dass sich die Farbe an Kopf und Rumpf sehr unterschiedlich in ihrer Bedeutung und Energie anfühlte. Dann konzentrierte ich mich auf die Kopfregion. Dort hatte das

Rot noch einen grauen, eher dunklen Schimmer. Intuitiv wusste ich, dass dieser Mann rechtsseitig eine leichte Migräne hatte. Dies wurde mir direkt von ihm bestätigt. Auch meine Behauptung, dass er schon lange mit den Beeinträchtigungen kämpfe, traf zu. Weiterhin erklärte ich, dass er noch kein Medikament gefunden habe, welches wirklich passen würde, er es aber seit einigen Wochen mit alternativen Heilmethoden versuche. Und auch dies bestätigte mir meine Testperson.

Nachdem Mavis mich motivierte, etwas über sein Leben herauszufinden, erschienen drei weitere Menschen wie Schatten in seiner Aura. Intuitiv wusste ich, dass er verheiratet war und einen Sohn sowie eine Tochter hatte. Auch dies war korrekt. Ich beschrieb Sohn und Tochter anhand von Größe, Aussehen und Alter. Auch seine Frau beschrieb ich, die vom Wesen her freundlich und harmoniebedürftig war. Ich war selbst überrascht, wie treffsicher ich dies alles wahrnehmen und wiedergeben konnte.

Wie konnte dies so einfach funktionieren?
Was war das Geheimnis?

Nun, in dem Moment, in dem meine Lehrerin mich anwies, etwas über das Leben meiner Testperson herauszufinden, lenkte ich meine Absicht, also meine Konzentration, auf dieses Thema. Die Informationen erschienen einfach, wie bei einem Teleskop, das man beim gewünschten Punkt in der Ferne scharf stellt.

Später gehen wir noch einmal genauer auf das Thema ›Absicht setzen‹ ein. Dies hat nichts mit Zwang, Ehrgeiz und Kontrolle zu tun, was klassisch auf Konzentration zutrifft, denn die Erwartung, etwas Bestimmtes erreichen, sehen oder spüren zu wollen, blockiert die feinstoffliche Wahrnehmung garantiert. Somit verkleinert sich das Spektrum der Möglichkeiten erheblich.

Die Begeisterung meiner Testperson war auch in seiner Aura sichtbar. Über die Farben stülpte sich eine Mischung aus hellem Blau, Türkis und hellem Grün wie eine zusätzliche Hülle. Vergleichbar ist dies mit der erweiterten Realität (englisch: Augmented Reality), von der man in Technik und Wissenschaft spricht. Bei AR-Anwendungen werden mindestens zwei Bilder übereinandergelegt,

wobei alle Schichten semitransparent sind, sodass keine visuellen Informationen verloren gehen. Analog kann man diese auch bei der Hellsichtigkeit anwenden. In diesem Fall wird über die Sicht des physischen Auges die Ebene der feinstofflichen Sicht gelegt. Dadurch können wir die feinstoffliche Aura über den physischen Körper legen und beides erscheint als eins.

Viel interessanter als die Farben der Aura finde ich das Wahrnehmen der Aura mit einer gewissen Absicht, um Informationen für den Klienten herauszufinden und zu filtern. Möchte jemand z. B. eine Standortbestimmung, also ein Aura Reading mit allen Aspekten des Lebens, dann schaue ich zunächst einmal, welches die vorherrschenden Themen sind. Anschließend lasse ich mich führen und folge den Themen wie einem roten Faden. Diese Führung geschieht aber nicht durch die geistige Welt, sondern durch das Höhere Selbst des Klienten. Mir ist es wichtig, dies hervorzuheben, schließlich muss ich mir als Sensitiver und Medium jederzeit bewusst sein, woher Informationen kommen.

Die Wahrnehmung

Unsere Aura ist das Energiefeld, welches den physischen Körper durchdringt und umgibt. Sie kann als Ganzes wahrgenommen werden, so wie ein Körper auch etwas Ganzes ist, oder als einzelne Schichten bzw. Ebenen.

Bei unserer Arbeit bevorzugen wir es, auf einzelne Ebenen der Aura einzugehen, denn so haben wir die Möglichkeit, konkrete Themen anzusprechen. Je präziser die Äußerungen zur Lebenssituation eines Klienten sind, desto besser können wir helfen.

Nur durch Präzision sind wir in der Lage, Menschen nicht nur aufgrund des ersten Eindrucks, den sie hinterlassen, wahrzunehmen, sondern auch mithilfe der bereits vorhandenen Informationen, die jeder in seiner Aura gespeichert hat und mit sich trägt, möglichst unvoreingenommen und neutral zu erfassen. Dabei bedienen wir uns keineswegs unerlaubter Mittel oder gehen ethisch gesehen invasiv vor, sondern nutzen eine Fähigkeit, die jeder von uns besitzt.

Es handelt sich nicht darum etwas zu tun, was unerlaubt oder ethisch gesehen zu invasiv wäre, sondern um eine Fähigkeit, die jeder Mensch besitzt, zu verfeinern und zu nutzen.

Alles ist Energie

›Im Anfang war das Wort‹, steht bereits im Johannes-Evangelium in der Bibel. In allen religiösen Schriften werden wir immer wieder darauf hingewiesen, dass alles Schwingung oder Energie ist – auch das gesprochene Wort. Das menschliche Gehör kann zwar nur ein kleines Frequenzspektrum wahrnehmen, aber unsere modernen Geräte und Computer können immer mehr Töne und weitere Spektren als Ton erkennen. So hat jeder Planet seinen eigenen Grundton und jedes Element seine eigene Energie. Jedes Objekt im Universum besteht aus unzähligen kleinen und kleinsten Teilchen, die sich gegenseitig bedingen und sich durch die komplexe Mischung der Elemente zu einem bestimmten Objekt definieren.

Unsere Stimmbänder können verschiedene Frequenzen erzeugen, die wir als gesungene oder gesprochene Töne wahrnehmen, wobei jedoch jeder einzelne Ton seine eigene Schwingung aufweist. So fühlt sich zum Beispiel jemand, der gut gelaunt ist, ganz anders an als jemand, der schlecht gelaunt ist, weil er eine ganz andere Schwingung in sich trägt. Ein Stein fühlt sich völlig anders an als ein Pferd und eine Blume wiederum anders als ein Berg. All dies sind Beschreibungen von Energien.

So wie es unendliche Energieformen, also Schwingungen, auf der feststofflichen Ebene gibt, gibt es diese auch auf der feinstofflichen Ebene. Bei der Betrachtung der Energie geht es also um die Grundlage eines jeden

Objekts im Universum – Energie ist folglich nicht nur Strom, Gas, Benzin oder Ähnliches, was wir benötigen, um etwas zu bewegen oder betreiben zu können.

›Die Energie folgt der Aufmerksamkeit‹, ist eine der kosmischen Gesetzmäßigkeiten, die wir beim Thema Energie unbedingt beachten sollten. Wo immer meine Aufmerksamkeit hingeht, dorthin gehen auch meine Energie, meine Lebensenergie und meine Konzentration. Richte ich also meine Aufmerksamkeit auf ein Leid oder eine Begierde, so geht meine Energie genau dorthin. Fühle ich mich schlecht und bin ich die ganze Zeit über bei diesem unangenehmen Gefühl, wird dieses von mir noch zusätzlich genährt und gestärkt. Gehe ich hingegen mit meiner Aufmerksamkeit zu einem anderen Thema, wird wiederum dieses genährt und meine Energie wird vom vorhergehenden Leid abgezogen.

Je unruhiger der Geist eines Menschen ist, desto unruhiger ist auch seine Energie. Je ruhiger der Geist eines Menschen ist, desto gelassener ist seine Energie. Je gelassener die Energie ist, desto einfacher kann sie auf ein beliebiges Objekt gelenkt werden.

Frequenzen

Alles in der Aura hat seine eigene Frequenz und auch jedes Element im Universum besitzt seine ganz einzigartige Energiesignatur. Unserer Erfahrung nach gibt es nichts zweimal – einen winzigen Unterschied findet man immer. Die feinstoffliche Wahrnehmung funktioniert ähnlich einem Radio oder einem sehr feinen Messinstrument, das Energien lesen kann. Stellen wir unseren ›Empfänger‹ auf eine bestimmte Frequenz ein, so wird diese für uns sichtbar und wir können sie lesen.

Zu Beginn aber ist es wichtig, dass wir uns überhaupt erst einmal auf die Aura einlassen, denn für die meisten Menschen ist sie nicht mehr wahrnehmbar. Wenn wir also etwas Bestimmtes herausfinden wollen, müssen wir uns auf dieses Thema – auf diese Frequenz – einlassen, uns dem Thema öffnen oder die Absicht setzen, sodass es sich zeigen kann.

Aura-Sehen: Erste Schritte

Absicht setzen

Auf der feinstofflichen Ebene kommen wir mit ›wollen‹ im Sinne von ›erzwingen‹ nicht sonderlich weit, da dies eher eine destruktive Wirkung hat auf das, was wir wahrnehmen können. Um übersinnlich wahrnehmen zu können, ist es hilfreich, sich von den eigenen Vorstellungen zu lösen. Daher ist es zunächst erst einmal wichtig, sich für diese neue Erfahrung zu öffnen – für das Erfahren der feinstofflichen Wahrnehmung. Und zwar immer wieder aufs Neue! Jedes Mal, wenn wir uns erlauben, unsere feststofflichen Sinne von den feinstofflichen Sinnen überschatten zu lassen, öffnen wir uns einfach und lassen es geschehen, anstatt es zu wollen.

> Du setzt also die Absicht, dass du etwas Bestimmtes wahrnehmen möchtest – in diesem Fall die Aura.

Dies läuft so ab, dass ein Bild ein anderes überlagert und daraus ein neues Bild entsteht. Gut vergleichbar ist dies mit der erweiterten Realität (englisch: Augmented Reality), einem aktuellen Tool aus der Informationstechnologie. Dabei schaut jemand ein Objekt an, beispielsweise eine Kirche. Er sieht diese Kirche durch eine Glasscheibe und darüber hinaus erscheinen auf dieser Glasscheibe Informationen zu dem Gebäude. Durch diese zusätzliche Ebene ergibt sich für die eigene Sicht ein neues Bild mit den Elementen und Informationen beider Ebenen.

So ähnlich funktioniert unsere übersinnliche Wahrnehmung. Wir sehen den Körper unseres Gegenübers und im Geist wird zu dieser feststofflichen Sicht die feinstoffliche Sicht darübergelegt, sodass wir um den Körper herum Farben und Formen wahrnehmen können.

Dies kann vor allem am Anfang nicht erzwungen werden. Je mehr wir uns verspannen, desto mühevoller wird die Verbindung über deine feinstofflichen Sinne zum Astralkörper und das Überblenden somit schwieriger bis gar unmöglich.

Erlauben

Am Anfang ist es äußerst wichtig, dass du dir immer wieder erlaubst, etwas wahrzunehmen, ganz egal, wie wenig oder viel das sein mag. Danach solltest du aber auch darauf vertrauen und daran festhalten, dass du etwas genau so wahrgenommen hast.

Unabhängig davon, ob es sich dabei um Farben, Formen oder Ähnliches gehandelt hat – erlaube dir, feinstofflich wahrgenommen zu haben, und versuche nicht, daran zu zweifeln. Glaube an dich und deine ganz persönlichen

Erfahrungen! Versuche sie nicht zu zerpflücken oder zu sehr zu analysieren! Der Verstand kann sich nicht vorstellen, dass dies möglich ist, denn zu lange war er auf seine feststofflichen Sinne beschränkt und ausgerichtet.

Aura-Sehen

Das menschliche Auge ist nicht in der Lage, Feinstoffliches zu sehen. Maximal die physische, milchige Aura um ein Lebewesen kann unter gewissen Bedingungen mit dem Auge wahrgenommen werden.

Sobald die Sicht feinstofflicher wird, kommt es zum vorher beschriebenen Überblenden. Dieses Überblenden müssen wir so lange üben, bis es gelingt und wir davon überzeugt sind, dass es wirklich möglich ist. Kein Mensch sieht also die Aura mit den eigenen physischen Augen, sondern das Aura-Sehen erfolgt über unsere übersinnliche Wahrnehmung.

Übersinnliche Wahrnehmung

Für mich (Andy) war die übersinnliche Wahrnehmung immer eine ganzheitliche Erfahrung. Sehen, Spüren, Fühlen fanden immer gleichzeitig statt und waren nie trennbar. Getrennt werden diese Erfahrungen nur im Kopf, der das Bedürfnis hat Sehen, Spüren und Fühlen zu unterscheiden, ist dies auf der physischen Ebene doch sehr verbreitet.

Für mich ist es fast unmöglich, das, was ich sehe, auf rein optische Eindrücke zu beschränken, denn alles, was ich sehe, hat auch mit einer Zuordnung zu tun und was ich sehe, spüre und fühle ich auch.

Alles, was wir wahrnehmen, wird automatisch mit vorhandenen Erinnerungen verglichen und gleichzeitig bewertet. Wenn ich etwas sehe und es erkenne, ist dies also eine Bewertung oder Zuordnung zu dem, was ich bereits kenne. Es ist sehr schwierig, Formen wahrzunehmen, ohne diese im Geist in eine bereits vorhandene Schublade zu stecken. Wir verfahren also ähnlich wie der Resonanzboden eines Instruments. Je mehr Erfahrungen wir in unserem Leben direkt oder indirekt gemacht haben, desto eher sind wir in der Lage, diese bei einem anderen Menschen nachzufühlen, nachzuspüren und wiederzuerkennen.

Unser Unterbewusstsein macht das permanent, ohne dass wir davon aktiv etwas mitbekommen – aber ohne diesen Automatismus könnten wir nichts erkennen und wohl auch nur schwer unser Leben führen.

Genauso verhält es sich mit der übersinnlichen Wahrnehmung. Da wir jedoch mit einer Ebene in Berührung kommen, auf der wir meist noch keine Erfahrungen oder Erlebnisse haben, fällt es uns oft sehr schwer, dieses anzunehmen. Daher ist das ›Offensein‹ so wichtig, denn nur auf diese Weise können wir Erfahrungen machen, die wir zwar zunächst einmal nicht zuordnen können, aber dann verblüfft feststellen: Ja, da ist etwas. Da ist eine Aura.

Eine ganzheitliche Erfahrung

Immer dann, wenn du versuchst, die Aura zu spüren, zu sehen oder zu fühlen, erlaube dir, eine neue Erfahrung zu machen, und zwar möglichst ohne Erwartungen und Vorstellungen.

Auf diese Weise gehen wir in jeder Sitzung und jedem Kurs vor – immer lassen wir uns aufs Neue auf unsere Klienten und Kursteilnehmer ein, denn jeder ist einzigartig und hat eine eigene Geschichte. Wir bemühen uns stets, jeden Menschen als neue Erfahrung zu sehen und offen zu sein, denn nur so können wir wirklich gute Arbeit leisten und unseren Klienten und Teilnehmern gerecht werden.

Jeder Mensch ist ein Individuum und eine Seele, der das Ganze der Schöpfung repräsentiert. Er verdient und erhält unseren Respekt und unsere volle Aufmerksamkeit. Gehe auch du in diesem Sinne an deine Übungen und versuche, deine Mitmenschen vor diesem Hintergrund zu verstehen.

Übung: Die eigene Aura ausdehnen

Durch das Ausdehnen unserer eigenen Aura können wir vereinfacht mit anderen Menschen in Kontakt treten, um in ihrer Aura zu ›schnuppern‹. Nutze diese Übung zur Einstimmung auf deine feinstoffliche Wahrnehmungsebene und habe Freude dabei.

Setze dich möglichst aufrecht hin und erlaube deinen Augen, sich zu schließen. Konzentriere dich auf deinen Atem. Spüre, wie sich die Luft beim Einatmen durch die Nase kühler anfühlt und beim Ausatmen wärmer.

Stelle dir vor, wie du beim Ausatmen Wurzeln in die Erde treibst. Du entwickelst in deiner Vorstellung unterirdisch ein enormes Wurzelwerk, einem großen Baum gleich. Beim Einatmen nimmst du über die gedanklichen Wurzeln Energie aus der Erde auf und diese verteilt sich in deinem ganzen Körper. Du spürst, wie sie dich belebt und mit Energie auflädt.

Während du weiterhin beim Einatmen Energie aus der Erde ziehst und aufnimmst, stößt du beim Ausatmen Energie durch den Scheitel, dein Kronenchakra, aus.

In deinem Herzzentrum, das sich in der Mitte deines Brustkorbs befindet, nimmst du ein kleines Licht wahr. Du kannst es dir wie eine Minisonne, eine Kerze oder eine Lampe vorstellen. Das Licht ist weiß oder schimmert wässrig. Möglicherweise erfährst du dieses Licht auch als Energie, als Gefühl oder als eine Kombination aus beidem.

Dieses Licht bzw. die Energie oder das Gefühl wird mit jedem Atemzug stärker und intensiver. Es dehnt sich langsam aus – zunächst nach unten – und füllt den gesamten Bauch und Unterleib. Es ist ein angenehmes, freudiges Licht – genieße es! Erlaube ganz bewusst, dass sich dein Bauch und Unterleib wohlfühlen in diesem Licht. Sämtliche Zellen werden von ihm durchdrungen.

Das Licht fließt nun weiter über deine Hüften, die Oberschenkel, die Knie, zu Wadenbein und Schienbein bis hin in beide Füße und sämtliche Zehen. Spüre, wie sich dein Bauch, dein Unterleib, deine Beine dieser Energie hingeben und sich wohlfühlen. Dabei wird das Licht mit jedem Atemzug immer stärker und intensiver.

Es füllt nun auch den gesamten Brustbereich, die Schultern und Achseln, strömt dann über beide

Oberarme hinunter zu den Ellbogen, dann weiter über beide Unterarme und Handgelenke bis in die Hände und alle zehn Finger. Auch hier verstärkt und intensiviert es sich stetig.

Dann fließt das Licht höher, verteilt sich über Hals und Nacken, Kinn, Mund, Wangen, Nase, Augen, Stirn und Ohren in deinem ganzen Kopf. Du bist nun vollkommen von diesem Licht durchflutet. Dein ganzer Körper und jede Zelle sind entspannt in dieser Energie.

Stelle dir vor, wie sich das Licht noch weiter ausdehnt, wie dein Licht den Raum erfüllt, es das Licht deines nächsten Nachbarn berührt. So dehnt es sich immer weiter aus, bis es ein ganzes Gebäude ausfüllt und sich die geografischen Grenzen (Stadt, Land, Kontinent usw.) hinaus ausdehnt. Verweile einige Minuten in diesem Zustand mit ausgedehnter Aura. Erst dann kommst du ganz langsam zurück zu dir.

Unbewusstes Ausdehnen der Aura

Konntest du feststellen, wie groß deine Aura während dieser praktischen Übung war? Wahrscheinlich warst du ganz entspannt und hast sie bewusst ausgedehnt. Im Alltag hängt die Ausdehnung der Aura stark von unserer Gemütsverfassung ab. Ihre Größe kann variieren von wenigen Zentimetern bis hin zu mehreren Metern. Sind wir gut gelaunt, dann dehnt sie sich schnell bis auf 6–8 Meter aus. Bei spirituell erfahrenen Menschen und auch Erleuchteten kann die spirituelle Aura gar kilometerweit ausgedehnt sein.

Da wir meistens von anderen Menschen umgeben sind, zum Beispiel im Büro, im Bus, an der Kasse im Supermarkt, vermischt sich unsere Aura automatisch mit der Aura anderer Menschen. Wir werden also ganz unbewusst immer irgendwie von anderen Menschen beeinflusst, auch auf feinstofflicher Ebene. Darum ist es durchaus sinnvoll, unsere Sensitivität und Medialität zu trainieren. Dadurch lernen wir, die verschiedenen Energien zu unterscheiden und können schlussendlich selbst entscheiden, ob wir uns von den persönlichen Geschichten anderer Menschen beeinflussen lassen wollen oder nicht.

Ganz unabhängig davon, wie interessant die Geschichten anderer Menschen für untrainierte Wundernasen sein mögen, so werden sie doch nach spätestens fünf Minuten bereits Geschichte sein. Es lohnt sich nicht wirklich, sich darauf einzulassen. Wir können unsere Energie viel besser nutzen, zum Beispiel dann, wenn wir von jemandem um Rat gefragt werden. Erst dann ist es angebracht, seine medialen und sensitiven Sinne zu öffnen.

In der Nacht, während wir entspannt schlafen, kann sich unsere Aura unbewusst sogar noch weiter ausdehnen und sich zum Beispiel mit der Aura des Nachbarn über uns vermischen. Dann kann es vorkommen, dass wlr, sollten wir zwischendurch einmal wach werden, ungewollt fremde Energien wahrnehmen, beispielsweise Gedankenformen anderer Menschen.

Es kann aber auch passieren, dass wir verstorbene Geistwesen wahrnehmen. Wenn wir unsere Sensitivität und Medialität trainieren und sie vor dem Schlafengehen

bewusst ausschalten, wird unser Schlaf von solchen Erscheinungen nicht gestört.

Derlei Wahrnehmungen von Menschen in unserer Umgebung oder von Menschen, die an uns denken oder gar von Verstorbenen sollten dich keineswegs ängstigen. Es gibt einfach Wesen, die auch nach ihrem Tod an dem interessiert sind, was auf der Erde geschieht, und Orte aus ihrer Erinnerung besuchen wollen oder gerne reisen. Und da der Geist nicht an den Körper gebunden ist, kann er sich überall aufhalten.

Die Grundlagen

Die Hellsinne

An dieser Stelle möchten wir die Begriffe Medialität und Sensitivität kurz erklären. Allzu häufig wird nämlich unter dem Begriff Medialität großzügig beides subsumiert.

Auf der feinstofflichen Ebene nehmen wir Informationen, Energien, Phänomene wahr, die mit unseren physischen Sinnen nicht erfasst werden können. Wir verfügen über fünf Sinne: Tastsinn, Gehörsinn, Gesichtssinn, Geruchssinn und Geschmackssinn. Analog dazu besitzen wir Hellsinne mit den gleichen Funktionen, allerdings auf feinstofflicher Ebene.

Die Gabe des Hellsehens, Hellhörens, Hellfühlens, Hellspürens, Hellwissens und Hellschmeckens ist bei jedem von uns unterschiedlich stark ausgeprägt. Der Kanal zur Wahrnehmung von Energien und Informationen wechselt im Lauf der Zeit häufig. Stark Hellsichtige werden möglicherweise im Laufe ihrer medialen Entwicklung auch stark hellfühlend werden. Die eigene Medialität verändert sich fortwährend. Das solltest du immer im Hinterkopf behalten. Solltest du feststellen, dass deine Wahrnehmung mit der Zeit anders funktioniert als bisher, versuche, gelassen zu bleiben. Diese Entwicklung ist ganz normal und du darfst die neue Art der Wahrnehmung begrüßen, einladen und erforschen.

Wenn du deine Hellsinne nutzt, um Energien zu lesen, die eine feststoffliche Grundlage haben, nennen wir dies Sensitivität. Aura-Lesen ist also eine sensitive Tätigkeit. Unter Psychometrie verstehen wir, die Energie eines Gegenstandes zu lesen. Also ein Schlüssel liefert dir feinstoffliche Informationen über seinen Träger, ein Schmuckstück wo es herkommt, wer es geschenkt hat usw. Auch das Erspüren bzw. Aufspüren von Gegenständen, Kraftorten etc. gehört in diese Kategorie. Der CIA nutzte früher Medien, um mithilfe von ›Remote Viewing‹, wie diese Methode auch genannt wird, an Informationen zu gelangen.

Medialität bezeichnet das Wahrnehmen von Geistwesen, die keinen physischen Körper besitzen. Auch hier nutzen wir unsere Hellsinne, um die feinstoffliche Ebene zu erkennen. Wir haben Kontakt zu Geistwesen wie Verstorbene, Geistführer, Geisthelfer oder Engel aus unserem Team in der geistigen Welt.

Wenn Klienten zu mir kommen, wünschen sie oft einen Jenseitskontakt zu einem lieben Verstorbenen, um Dinge klären zu können. Diese Arbeit eignet sich sehr für Trauerarbeit, da sie den Hinterbliebenen einerseits viel Trost spendet und andererseits auch den Verstorbenen die Möglichkeit gibt, ihren Lieben hier auf der Erde Nachrichten persönlicher und individueller Natur zu übermitteln.

Ich möchte aber auch auf die Qualitätskontrolle hinweisen, die mir bei der Ausbildung meiner Schüler immer sehr am Herzen liegt: Wir stellen Kontakt zu Verstorbenen her, die unser Gegenüber persönlich gekannt hat oder die Personen aus dem engsten Familienkreis sind. Im ersten Teil der Sitzung beschreibe ich dank meiner übersinnlichen Wahrnehmung, wie die verstorbene Person zu Lebzeiten ausgesehen und gelebt hat, und beschreibe gemeinsame Erinnerungen sowie auch verschiedene Begebenheiten und Charaktereigenschaften aus deren vergangenem Leben. Denn es liegt an mir als Medium nach englischem Spiritualismus, dem Klienten handfeste Beweise zu liefern.

Meinem Empfinden nach reicht nicht aus zu sagen: »Dein Großvater ist hier und möchte dir Folgendes mitteilen.« Ich möchte nicht einfach die Behauptung in den Raum stellen, für jemanden zu sprechen, sondern habe den Anspruch, zunächst zu beweisen, wer durch mich kommuniziert. Diese Herangehensweise macht für mich ein seriöses Arbeiten aus. Außerdem möchte ich, dass meine

Lieben sich später einmal sicher sein können, dass ich es wirklich bin, der als Verstorbener mit ihnen spricht.

Den gleichen Anspruch erheben wir bei sensitiven Standortbestimmungen oder Aura Readings. Zuerst kommt ein Teil der Qualitätssicherung und erst dann folgt die eigentliche Beratung. An dieser Stelle möchte ich dich als Leser ermuntern, ebenfalls einen solchen Anspruch an Qualität zu entwickeln.

Der feinstoffliche Energiekörper

Unser fester physischer Körper mit all seinen Sinnesorganen wird durchdrungen von zwei feinstofflichen Körpern – dem astralen und dem kausalen Körper. Wie bereits im vorhergehenden Kapitel erwähnt, besitzt der feinstoffliche Körper genau wie auch der physische Körper Sinnesorgane. Zum Beispiel besitzen wir neben dem physischen Auge auch ein feinstoffliches Sinnesorgan – bekannt als das Dritte Auge. Drittes Auge wird auch als allgemeiner Ausdruck für Hellsichtigkeit verwendet.

Der Astralkörper

In der astralen Welt, die in der Regel mit der geistigen Welt gleichgestellt wird, besitzen wir einen astralen Körper. Nach dem Tod des physischen Körpers leben wir in der geistigen Welt weiter und unser astraler Körper übernimmt dann quasi die Rolle unseres irdischen Körpers. Der kausale Körper dagegen ist noch feiner und wird auch für die meisten Geistwesen nicht wahrgenommen – dazu aber später mehr.

Auf der astralen Ebene geht das Leben nahtlos weiter. Es gibt keine Unterbrechung oder Ähnliches. Fast alles, was den physischen Körper ausmachte, gibt es auch auf der astralen Ebene. Gewaltige Unterschiede treten aber dennoch auf, denn vieles, was unser Leben hier so einmalig macht, existiert in der geistigen Welt nicht mehr. Dazu gehören Essen, Trinken, unsere Krankheiten, Unfälle, Gebrechlichkeit, sowie Schlafen, Aufstehen, körperlicher Zerfall ... Was wir hatten und waren, bleibt meist mit dem physischen Leben verbunden und stirbt darum mit. Die Persönlichkeit aber mit ihren Erinnerungen, Erfahrungen, Gefühlen und Emotionen bleibt.

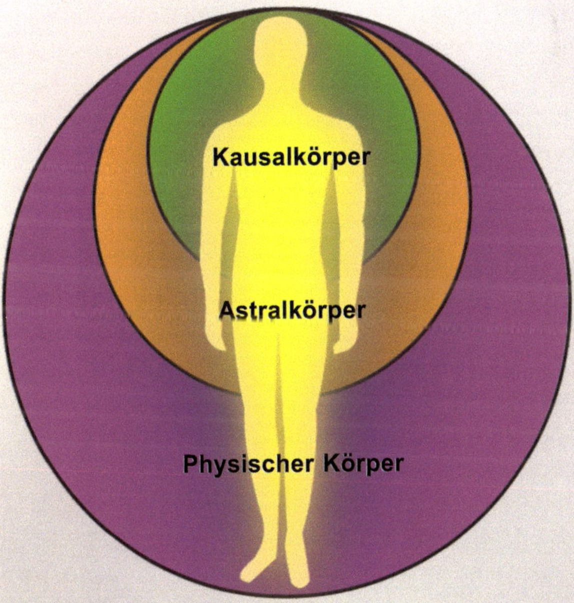

Der astrale Körper ist auch heute schon ein Teil unserer Existenz. Er wird in aller Regel jedoch einfach entweder nicht wahrgenommen, totgeschwiegen oder in vielen Religionen leider verteufelt – wie auch alles was mit ihm zu tun hat –, um eine bessere Kontrolle über die Menschheit zu erlangen.

Immer dann, wenn Menschen mit mir über diese Dinge streiten wollen, biete ich ihnen an, das Gespräch darüber zu verschieben, bis wir in der geistigen Welt sind. Denn es geht uns nicht darum, recht haben zu wollen, sondern darum, Wissen an interessierte Menschen weiterzugeben und ihnen die Möglichkeit zu bieten, zu lernen und weitergehende Erfahrungen zu sammeln. So sind die Aura wie auch die Chakren und Nadis (Energiebahnen) auf beiden Ebenen angesiedelt, denn gerade die Chakren fungieren als Verbindung zwischen den verschiedenen Ebenen vom physischen bis zum feinstofflichsten Körper.

Nun, der Astralkörper ist der Körper, den wir also schon immer hatten, von dem wir aber meist nichts wissen. Spätestens aber nach dem Loslassen des physischen Körpers wird er uns bewusst, ebenso wie die astrale, also die feinstoffliche Welt. Eine allgemeingültige Regel ist, dass der größte Teil des Denkens auf der astralen Ebene stattfindet – und dies bereits zu physischer Lebenszeit – und dadurch gewisse Dinge allerdings wahrlich sehr physisch sind. Erinnerungen, Betrachtungsweisen, Charakter und die meisten Wesenszüge werden daher in der astralen

Welt weiter vorhanden sein, sich aber fortwährend verändern, da die Grundlagen, z. B. der Betrachtungsweisen, meist mit der physischen Ebene weggestorben sind.

Den astralen Körper könnte man auch als Energiekörper bezeichnen. Schließlich gehen die meisten Menschen nicht davon aus, dass genau genommen auch der feststoffliche Körper reine Energie ist, aber die physischen Sinne dies so nicht wahrnehmen. Wenn wir uns also gedanklich woanders befinden, könnte man auch sagen, dass der astrale Teil einer Person woanders ist. Auf diese Weise lassen sich auch Astralreisen erklären. Auf der astralen Ebene – oder auch in der geistigen Welt – reist man mit Gedankengeschwindigkeit. Daher entsteht auch der Irrglaube, dass Verstorbene so oft bei uns sind, nur

weil wir an sie denken oder sie an uns. Das heißt jedoch noch lange nicht, dass sie sich im selben Raum befinden, sondern nur, dass sie auf der astralen Ebene mit uns verbunden sind.

Wichtig zu wissen bei allen Körpern ist, dass sie absolut untrennbar sind. Sie bilden eine Einheit. Leider wird aufgrund von Angstzuständen oder falschem Wissen häufig komplett Falsches erzählt und dies teilweise aus einem Machtgefühl oder aus Geldgier heraus. Eine Besetzung ist nur in der Vorstellung des Einzelnen möglich – absolut und technisch gesehen ist dies ausgeschlossen. Das Gleiche gilt für Dämonen – auch sie sind Fragmente des eigenen Unterbewusstseins, der eigenen Vorstellungen, und haben keinerlei reale Grundlagen. Auch hier sind falsches Wissen und mangelndes Verständnis leider weit verbreitet und manchmal noch ähnlich stark wie im Mittelalter.

Physischer, astraler und kausaler Körper sind, wie bereits gesagt, unzertrennlich miteinander verbunden. Aus Sicht der linearen Reinkarnation bleiben Kausal- und Astralkörper immer vorhanden und bilden immer wieder einen neuen physischen Körper, bis die letzte Existenz der drei Ebenen im physischen Leben die Erleuchtung erreicht hat und sich dann wieder im göttlichen Bewusstsein, im Licht Gottes auflöst.

Auch scheint es uns wichtig zu erklären, dass alle drei Körper eine reale Existenz haben. Es ist dem nicht erleuchteten Menschen, der die Erscheinungen in der Vorstellung noch nicht durchblicken kann und die eigene Vorstellung mit der Realität verwechselt, leider nicht möglich, zwischen Realität und Vorstellung zu unterscheiden. Solange der Mensch seine eigenen Vorstellungen basierend auf falschem Wissen und Prägungen für die Realität hält, werden Irr- und Aberglaube weiterhin diese Welt regieren.

Der Kausalkörper

Als erste Ebene der Individualität können wir den Kausalkörper bezeichnen. Engel, Erleuchtete (auch aufgestiegene Meister), Avatare und göttliche Symbole in vielen Religionen haben nur diesen einen Körper, denn der astrale wie auch der physische Körper haben sich entweder durch Erleuchtung aufgelöst oder sie waren nie vorhanden. Es ist die höchste Form, die sich ein Individuum vorstellen kann – allerdings können wir Menschen uns kein Abbild in unserer Vorstellung davon machen, es ist für den menschlichen Geist zu umfassend. Daher treten diese höchsten Wesen in Form von Engeln, Geistführern, Göttern, Heiligen und anderen für den Menschen akzeptablen und erwünschten Erscheinungsformen auf.

Wir alle sind Teil des göttlichen Bewusstseins, untrennbar mit allem verbunden. Dieses Wissen ist leider sehr verschüttet und die Überzeugung, wir seien getrennte Wesen, ist die gängige Sichtweise, der überwiegende Glaube. Aus Sicht des Höchsten gibt es keine Trennung. In der absoluten Realität gibt es keine Unterschiede, lediglich unterschiedliche Darstellungsformen.

Da wir Menschen die Vorstellung – also das Resultat der eigenen Prägungen – mit der Realität verwechseln, braucht es diese Erklärungen, damit wir aus Sicht der Trennung bzw. Individualität die Realität der ›Nicht-Trennung‹ überhaupt betrachten und vielleicht später verstehen können. So gibt es in der Schöpfung den kausalen Körper – es ist keine Trennung vorhanden, sondern nur das Wissen um die unterschiedlichen Erscheinungsformen. Diesem folgt der astrale Körper, auf dessen Ebene die Verbundenheit sehr stark wahrgenommen und gelebt wird. Und dem Astralkörper wiederum folgt die physische Ebene mit unserem physischen Körper, den wir als sehr getrennt von anderen und anderem wahrnehmen und erleben. Nichts an dieser Sichtweise ist falsch – denn wir sollten unserer Wahrnehmung vertrauen und sie nicht zerstören –, aber wir sollten die Interpretation unserer Wahrnehmung hinterfragen und immer wieder den Gedanken des ›Nicht-Getrenntseins‹ als mögliche Grundlage einer korrekteren Interpretation zulassen.

Die vier Ebenen der Aura

Ungleich der drei Körper (physischer, astraler und kausaler Körper) geht es im Weiteren nur noch um die physische Aura, die wir in diesem Kapitel aus praktischen Gründen in vier Schichten unterteilen.

Alle vier Schichten – die physische, die emotionale, die mentale und die spirituelle Aura-Schicht – durchdringen sich gegenseitig und sind nur für den geübten Betrachter klar zu unterscheiden. Durch das Einstimmen auf die jeweilige Ebene bzw. dadurch, dass wir unsere Wahrnehmung auf die entsprechende Energiefrequenz legen, können wir konkrete Informationen erhalten. Da jedes Thema immer auf allen Ebenen aktiv und nicht trennbar ist, ist es ratsam, das jeweilige Thema stets auf allen Aura-Schichten zu betrachten. Betrachten wir die vier Schichten im Folgenden am Beispiel von Schlafstörungen. Auf die einzelnen Schichten gehen wir im Kapitel *Die Techniken* noch genauer ein.

Physische Aura

Eine Schlafstörung können wir in der physischen Aura vielleicht als ›zu viel Energie‹ wahrnehmen. Als Resultat einer mentalen und emotionalen Nervosität könnte die Energie dann auch auf den physischen Körper übergreifen und sich dort manifestieren. Die Folge könnte sein, dass jemand völlig erschöpft und müde ist und dennoch nicht schlafen kann, weil sich ein Problem oder Thema in der mentalen und emotionalen Aura unaufhörlich dreht.

Emotionale Aura

Jedes schwierige Thema besitzt neben einer mentalen auch eine emotionale Komponente: Diese lassen sich in der Regel nicht trennen. Emotionen könnten auch als somatisierte, also verkörperlichte, Gedanken beschrieben werden. Beispiel: Möglicherweise gibt es ein überaus schwieriges Thema, das sich unablässig im Kopf einer Person dreht. Bei jeder weiteren ›Umdrehung‹ geht dies natürlich auch auf die emotionale Ebene über und verbindet sich dann wieder mit der physischen Aura.

Mentale Aura

Fortwährend werden Lösungen gesucht, die Probleme werden zunehmend größer und dann gesellen sich möglicherweise noch Unsicherheit, Angst, Gier oder andere vordergründige Emotionen hinzu. Dieses Sich-im-Kreis-

Drehen könnte durchaus als ›Suchtverhalten‹ definiert werden, da es den meisten Menschen nicht gelingt, dieses Phänomen abzustellen. Stattdessen nehmen sie es häufig mit in den Schlaf. Dauert eine solche Situation über Monate oder gar Jahre an, richtet sich der Mensch langsam zugrunde.

Spirituelle Aura

In der spirituellen Aura können Prägungen vorhanden sein, die einem vorgaukeln, diese oder jenes nicht zu dürfen, zu können oder zu sollen, oder es halten sich beharrlich Behauptungen wie: »Ich bin schlecht«, »Ich bin nicht gut genug«, »Ich bin Sünder« ... All dies sind Sprüche und Prägungen spiritueller Natur, die oftmals als Grundlage für das nicht endendete Gedankenkreisen und somit für Schlafstörungen dienen.

Selbstverständlich gibt es auch die andere Seite wie die erlaubte ›Geisteskrankheit‹ des Frisch-verliebt-Seins. Hier ist der Ablauf der gleiche – mental, emotional, physisch, spirituell –, allerdings wird das Phänomen hier als angenehm und erstrebenswert empfunden. Dennoch bleibt es eine Sucht.

Hindernisse

Um nun ganz konkret Zugang zu unserer feinstofflichen Wahrnehmung zu finden, sollten wir zunächst einmal unsere Gedanken und insbesondere die Art unseres Denkens untersuchen. Festgefahrene Denkmuster und Zweifel an sich selbst stellen die größten Hindernisse in der sensitiven und medialen Entwicklung dar. Sobald du die jenseitige Welt betreten hast, wirst auch du dies ganz klar erkennen können.

Aus Sicht der Reinkarnation wiederum hatten wir bereits ein Leben vor diesem Leben und demnach auch einen astralen Körper. Auch sollten wir uns darüber bewusst werden, dass das Leben nach dem Tod weitergeht. So hatten wir also schon vor diesem physischen Körper einen astralen Körper, der auch nach dem Ableben des physischen Körpers noch da sein wird. Somit ist klar, dass wir bereits heute über sämtliche feinstofflichen Sinne verfügen und lediglich lernen müssen, diese wieder zu finden, zu aktivieren und zuzuschalten. Auch ist es an der Zeit, die konditionierten extremen Fixierungen auf die physischen Sinne, vor allem unsere Augen, loszulassen.

Warum ist das Aura-Sehen und anderes feinstoffliches Sehen so schwierig?

Wir halten einfach nur allzu gerne stur an unseren eingefahrenen Denkmustern fest – und wissen es nicht einmal! Anhand von einigen Übungen zeigen wir dir, wie du deine Muster erkennen, loslassen und/oder damit arbeiten kannst.

Denkmuster

In der Regel gehen wir davon aus, dass alles, was wir sehen, auch real ist. Alte spirituelle Schriften lehren uns aber, dass alles nur als das erkannt werden kann, was es ist, weil wir gelernt haben, Objekte als solche zu identifizieren.

Bei einem Experiment mit Ureinwohnern eines Kontinentes hat man festgestellt, dass Eingeborene gewisser Stämme Boote nicht als solche erkennen konnten, weil sie vorher noch nie ein Boot gesehen hatten. Es gibt Menschen, die glauben, dass es auch bei uns noch zahlreiche Dinge gibt, die wir nicht erkennen können, weil wir sie eben nicht kennen und sie somit auch nicht identifizieren können.

Stelle dir einmal vor, du bist in einem fremden Land und dort begegnet dir ein Gegenstand, der dir völlig neu ist. Wer hätte vor ca. 30 Jahren den Sinn eines Mobiltelefons erkannt, selbst wenn er in der Lage gewesen wäre, den

Gegenstand zu sehen und wahrzunehmen? Oder wie wäre es jemandem vor 100 Jahren mit einem Autoschlüssel ergangen?

Wir denken, unsere Augen können sehen, unsere Ohren hören, unsere Haut spüren, unsere Nase riechen und unser Gaumen schmecken. Insofern sind wir fixiert auf unsere äußeren physischen Sinnesorgane! Wenn unser Verstand unabhängig und nicht eng vernetzt wäre mit unseren Sinnesorganen, würde die äußere Welt nicht so existieren, wie wir sie wahrnehmen. Schließen wir die Augen, erlischt unsere äußere Welt. Wir können uns dann nur noch an das erinnern, was wir bereits einmal früher gesehen haben, denn in unserem Denkorgan sind sämtliche Erfahrungen und Erinnerungen gespeichert. Sobald wir also etwas mit unseren Sinnen wahrnehmen, beginnt unser Gehirn zu interpretieren. Hören wir etwas, sucht es in unseren Erinnerungen und Erfahrungen, bis es herausgefunden hat, was dieses Geräusch bedeutet.

Da die Aura und alles Feinstoffliche nicht physisch sind, können wir sie mit unseren physischen Augen und Sinnen auch nicht sehen. Alles Feinstoffliche ist nur mit den feinstofflichen Sinnen wahrnehmbar. Und dies kann man trainieren.

Äußere und innere Sinne

Menschen, die weder sensitiv noch medial veranlagt sind, leben in der Regel hauptsächlich mit den äußeren Sinnen. In Situationen, die etwas mehr Aufmerksamkeit erfordern, kann zwischenzeitlich auch die Intuition aktiv werden oder sie beziehen das sogenannte Bauchgefühl ein. Die Aura zu sehen ist für unsere äußeren Sinne unüblich. Unser Denkorgan schlägt uns während des Schauens ganz automatisch aus den bereits vorhandenen Erinnerungen vor, wie diese aussehen könnte. Es entsteht also eine Erwartung aufgrund bereits vorhandener Erfahrungen.

Daher ist es wichtig, dass wir während des Übens der Aura-Sicht gleichzeitig üben, den Prozess der permanenten Zuordnung in unserem Denkorgan zu umgehen. Im nächsten Kapitel bieten wir dir verschiedene Methoden an, mit denen du üben kannst.

Ein Beispiel: Wenn wir Farben wahrnehmen, dann erwarten wir, dass sie sich so darstellen, wie wir sie kennen. Ein Gelb sieht aus wie die Sonne, ein Blau wie der Himmel, ein Grün wie Gras ... Das entspricht der subjektiven Wahrnehmung in unserem Kopf, weil im Gehirn ein solches Referenzsystem gespeichert ist, nicht aber der objektiven Wahrnehmung.

Nutze deine Vorstellungskraft

Kannst du dir eine Tasse vorstellen, in der heißer Tee in der Kälte dampft? Stelle dir nun diese ganz feine Wasserdampfwolke mit etwas Farbe vor. Vorstellungskraft und Erinnerungsvermögen kommen dir dabei zugute. Wenn unser Denkorgan sich farbige Wolken um uns herum vorstellen kann, dann können wir diese in der Realität auch schneller sehen. Liebe zum Beispiel ist auch eine Vorstellung, bis wir sie erfahren haben, und verändert sich dann wieder und immer wieder – diesen Aspekt der Schöpfung der permanenten Veränderung sollten wir immer wieder berücksichtigen.

Wenn du die Aura das erste Mal wahrgenommen hast, glaubst du vielleicht, es würde sich nur um ein Trugbild deiner Fantasie handeln. Erlaube dir, ein wenig in dieser vermeintlichen Fantasie zu leben. Damit förderst du deine

Vorstellungskraft und öffnest dich für feinstoffliche Wahrnehmungen.

In unseren Träumen und in der Fantasie vermischen sich Realitäten. Erlaube dir dieses Vermischen, wir nennen es auch gerne Überblendungen. Die Praxis wird mit der Zeit den Unterschied erkennbar machen und deine Unterscheidungskraft wird durch Erfahrung und das viele Üben wachsen. Aber tue es keinesfalls als unbedeutend ab. Damit würdest du dir quasi verbieten, die Aura wirklich sehen zu können. Schnell wirst du lernen zu unterscheiden, was Fantasie und was Wirklichkeit ist. Zweifel sind erwünscht – wir bezeichnen sie auch gerne als integrierte ›Qualitätsmanager‹. Ein gesunder Zweifel ist gut, aber er sollte nie die Oberhand gewinnen und zum Chef über dich selbst erwachsen.

Das Hauptziel dieses Buches und des im Anhang erwähnten Online-Kurses ist es, dir zu helfen, deine Zweifel durch Erfahrung zu ersetzen. Es liegt an dir, dein Denkorgan die nächsten Wochen und Monate entsprechend zu trainieren. Lass dir Zeit, deine Sensitivität und Medialität in deinem eigenen Tempo zu finden und zu erforschen.

Erlaube deinem Denkorgan, eine Haltung einzunehmen, die besagt, dass es realistisch ist, die Aura zu sehen. Viele Menschen reduzieren sich ausschließlich auf ihre physische Erscheinung. So wie man das Skifahren Schritt für Schritt erlernen muss, so muss auch das Aura-Sehen

konsequent trainiert werden.

Bei allen Übungen, die wir dir im nächsten Kapitel anbieten, geht es darum, dein Denkorgan zu überlisten, sodass du plötzlich selbst Feinstoffliches wahrnehmen kannst. Erst dann wird es für dich zur Realität.

Kindern fällt dies viel leichter, denn sie sind noch nicht so sehr mit Konzepten, Meinungen, Mustern und gesellschaftlich akzeptierten Prägungen überfrachtet.

Beweglichkeit des Geistes auf astraler Ebene

Schließe für einen kurzen Moment die Augen und denke an deine letzten Ferien. Innerhalb eines ganz kurzen Augenblicks bist du auf geistiger Eben genau an diesem Ort. Mediale Menschen könnten dich sogar an diesem Ort als Gedankenform wahrnehmen. Auf der astralen Ebene gibt es weder Distanz noch Zeit. Es gibt auch keine physischen Körper, sondern nur noch Geistkörper.

Ein Beispiel: Wenn wir an etwas denken, dann ist dieses Etwas hier bei uns, weil wir es mit unseren Gedanken heranziehen. Gleichzeitig sind wir aber auch dort, weil wir mit unseren Gedanken (unserem Geistkörper) dorthin reisen. Und all das geschieht im selben Augenblick! Aus einer rein gedanklichen Wahrnehmung wird gleichzeitig Wirklichkeit.

Sicherlich hast auch du bereits die Erfahrung gemacht, dass du spürst, wenn jemand intensiv an dich denkt. Auf der astralen Ebene ist dies möglich, weil unser Denken ebenfalls astral ist. Dessen müssen wir uns einfach nur bewusst werden: Die Aura ist ein Energiefeld von einer gewissen Größe und innerhalb dieses Energiefeldes sind wir automatisch mental miteinander verbunden. In diesem Energiefeld gibt es nur noch Geist und Energie, der keine physische Präsenz mehr innewohnt. Das klingt etwas abstrakt, ist aber Realität und in deinem alltäglichen Leben durchaus normal.

Ein ruhiger Geist

Wenn der Geist geschult ist, kann er das sehen, was er sehen will. Grundsätzlich kann jeder Mensch die Aura, Verstorbene oder Feinstoffliches wahrnehmen, da jeder einen Astralkörper hat. Das ist nicht etwa eine Frage der Fähigkeit, sondern eine Frage der Klarheit des Geistes. Je intensiver jemand an sich und seiner spirituellen Entwicklung arbeitet – ob durch Praktizieren von Tai-Chi, Qigong oder meditativen asiatischen Kampfsportarten oder durch konsequentes Praktizieren von Yoga und Meditation –, umso ruhiger wird er, umso klarer wird er im Geist und umso fähiger wird er, Übersinnliches wahrzunehmen und über seine eigenen Vorstellungen und Grenzen hinauszuwachsen.

Die meisten Menschen sind jedoch von der materiellen Welt so sehr in Anspruch genommen, dass sie vor lauter Verpflichtungen und Alltagshektik nicht die nötige Ruhe für eine feinstoffliche Wahrnehmung aufbringen können oder wollen. Kommt man aber etwas zur Ruhe, zum Beispiel in den Ferien oder auch noch kurze Zeit danach, kann man den Unterschied schnell feststellen. Körper und Geist sind entspannt und daher viel empfänglicher für feinere Energien.

Lernen wir also, unseren Geist zu schulen, uns zu konzentrieren und mit den feinstofflichen Energien zu arbeiten.

Viele Menschen kommen bereits mit einer medialen und/oder sensitiven Begabung zur Welt, weil sie möglicherweise in früheren Leben damit in Berührung kamen. In diesem Fall ist man in seiner spirituellen Entwicklung vielleicht schon einen Schritt weiter. Man hängt nicht mehr so sehr an materiellen Dingen wie Geld, Sexualität, Wissen und Macht, sondern ist bereits an tieferem Wissen und Wahrheiten interessiert.

Der Geist ist bereits etwas klarer und man hat nicht mehr so viel Karma aufzulösen, das die feinstofflichen ›Fenster‹ verhängt.

Dies kann man sich wie einen Teich vorstellen. Du schaust von oben ins Wasser. Wind kommt auf und es entstehen Wellen oder du verursachst Wellen, indem du einen Stein ins Wasser wirfst. Durch das Auftreffen des Steins steigt Schlamm auf. Nun ist die Sicht auf den Boden getrübt und du kannst den Grund nicht mehr erkennen.

Die meisten Menschen werfen andauernd Steine in ihr Wasser – oder es werden ihnen Steine hineingeworfen – und sie sind ständig am Wirken und kommen nie zur Ruhe. Mit dem Training deiner sensitiven und medialen Fähigkeiten wird es dir jedoch möglich, dir eine Insel der Ruhe zu erschaffen, sodass du die feinstofflichen Energien immer besser wahrnehmen kannst.

Wie bereits gesagt – wir wiederholen es gerne immer wieder –, haben wir alle die Fähigkeit, feinstoffliche Energien wahrzunehmen, da wir alle einen Astralkörper besitzen. Einzig unterscheiden uns verschiedene Abstufungen der Wahrnehmung. Jeder kann auf einem Klavier die Tasten anschlagen – aber nicht jeder wird das Klavierspiel so intensiv üben, bis er es beherrscht. Aura-Sehen ist ein Handwerk, das durch Üben und Praktizieren verfeinert, verbessert und professionalisiert werden kann – genau wie das Beherrschen eines Musikinstrumentes.

Schutz und Schützen

Immer wieder hören und lesen wir, dass wir uns vor Angriffen schützen müssen, wir ausgesaugt werden, Löcher in der Aura haben und Ähnliches mehr.

Unsere Gesellschaft ist leider sehr von Mangel geprägt. Nichts ist gut genug, nie ist es ausreichend, alles wächst zu langsam, hat zu wenig Erfolg, wir haben zu wenig Zeit und zu viel Stress ... Der permanente Mangel wird seit Jahrhunderten in unserer Gesellschaft gepredigt, angebetet, gelebt und ist Maßstab für fast alles. Alles wird permanent gemessen und reglementiert. Nie ist etwas wirklich gut genug und ausreichend, es muss immer mehr geben und weitergehen.

Diese Sichtweise führt dazu, dass wir etwas haben, das uns nicht weggenommen werden darf, seien dies Material, Wissen, Menschen, Tiere, Eigentum oder unsere Energie.

Sobald wir uns mit dem Höheren verbinden, dem Göttlichen, dem Universum, Mutter Erde, der geistigen Welt oder einer anderen unendlich größeren Instanz als uns selbst, wird uns bewusst, dass wir nicht dieses aussaugbare, kleine Etwas sind, das man uns glauben machen will, um uns zu manipulieren und zu steuern. Sind wir verbunden, wird uns die Realität des Lebens jenseits unseres

Denkorganes mit dem Leitbild des Mangels bewusst und wischt alles einfach weg.

Mangel ist Geschichte, Sein ist Realität. Im Sein sind wir unendlich. Lebensenergie gibt es unendlich viel. Wir sind unendlich, unser Bewusstsein ist unendlich. Je mehr wir uns dessen im täglichen Leben bewusst sind, desto mehr integrieren wir das Wissen in uns, dass es keine Beschränkung der Lebensenergie gibt.

Mein wichtigster Tipp ist daher:
Verbinde dich immer wieder bewusst mit einer höheren Ebene. Wie du das machst? Indem du dir vorstellst, so groß wie das Universum oder das Sonnensystem zu sein. Indem du dir imaginär tiefe Wurzeln in die Erde wachsen lässt, um ein Teil der Erde zu sein, oder indem du dich mit Jesus, Gott, Krischna, Buddha oder anderen Figuren des göttlichen Bewusstseins verbindest. Oder indem du ganz einfach bei dir bist, in deiner Ruhe, denn das Göttliche ist die Ursubstanz von allem – also auch von dir.

Die Techniken

Technik 1: Die Aura-Schichten

Zwei Techniken zum Sehen und Interpretieren der Aura möchten wir dir an dieser Stelle vorstellen. Es gibt die objektive und die subjektive Wahrnehmung.

Über die Anzahl der Aura-Schichten existieren zahlreiche Theorien. Die Meinungen variieren von vier über sieben und bis zu 20, 32 oder sogar 800 Schichten. Der Einfachheit halber und zum besseren Verständnis teilen wir die Aura – wie bereits vorher erwähnt – in vier Schichten auf. Auf diese Weise arbeitet es sich aus unserer Sicht am effizientesten. Andere Quellen können durchaus von einer anderen Zahl ausgehen, was nicht falsch ist, sondern einfach eine andere Sichtweise darstellt.

Geben wir jemandem eine Sitzung, so hat dieser entweder ein physisches Thema mit seinem Körper oder ein mentales Thema mit seiner Denkstruktur. Auch kann er ein Problem mit seiner Gefühlswelt haben oder er ist interessiert an spiritueller Entwicklung und möchte alles eher aus spiritueller Sicht betrachten. Jedes Thema hat gleichzeitig auch einen Effekt auf das Ganze. Probleme mit dem Chef am Nachmittag zum Beispiel wirken sich auch auf die Meditation am Abend aus. Es hängt immer alles mit allem zusammen.

Um auf die verschiedenen Problembereiche eines Sitzungsnehmers eingehen zu können, unterteilen wir die Aura in Schichten. Ob nun die spirituelle Aura-Schicht größer ist als die mentale oder die emotionale Schicht, hängt stark von der Lebenssituation des Menschen ab.

Wäre ich (Andy) zum Beispiel gerade daran, meine Steuererklärung auszufüllen, wäre ich zwar stark am Nachdenken, aber die emotionale Aura würde sich in diesem Moment ziemlich sicher stärker ausdehnen als die mentale. Bei einem Menschen mit akademischer Laufbahn wäre wahrscheinlich die emotionale Aura bei der gleichen Arbeit weniger stark ausgeprägt als die mentale. Und bei einem sehr extrovertierten Künstler zeigt sich mit Sicherheit die emotionale Aura stärker ausgeprägt als bei einem Buchhalter. Es kommt also immer darauf an, in welcher Verfassung man gerade ist und von welchem Standpunkt aus man die Aura betrachtet.

Schlussendlich ist die Aura wie eine Wolke, in der sich alle Schichten gegenseitig durchdringen. Sie fließen ineinander über und können nicht klar abgegrenzt werden.

Die physische Aura

Die hier vorgestellte Übung – das Aura-Klatschen oder Aura-Fühlen – dient dem Erspüren der physischen Aura.

Halte zu Beginn beide Hände mit einem Abstand von ca. 20 cm parallel vor dir, so als wolltest du Beifall klatschen. Bewege sie ganz langsam aufeinander zu und stoppe immer kurz vor der Berührung. Wiederhole dies einige Male.

Führe danach deine Hände langsam vor deinen Körper, so als wolltest du dich mit der flachen Hand berühren. Berühre aber deinen Körper nicht, sondern halte einen Abstand zwischen deinem Körper und den Händen von 4-10 cm.

Bewege nun langsam deine Hände hin zu deinem Körper und wieder zurück und spüre, ob du einen leichten Widerstand wahrnehmen kannst. Teste dies an verschiedenen Körperstellen: an Stirn, Arm, Bauch ...

Kannst du einen Unterschied wahrnehmen? Vielleicht nimmst du ein Kribbeln oder einen leichten Unterschied in der Temperatur wahr. Teste auch, ob es sich links und rechts unterschiedlich oder gleich anfühlt.

Die physische Aura ist die Schicht, die man am besten erspüren kann. Sie ist direkt dem Körper am dichtesten und es treffen auch hier alle anderen Schichten aufeinander. Je weiter du deine Hände vom Körper entfernt hältst, desto feiner wird die Energie und desto weniger für uns spürbar.

Hast du die Möglichkeit, diese Übung an einem Partner auszuführen, dann teste, ob du die Aura deines Gegenübers spüren kannst. Lass dir dabei Zeit und wenn möglich spüre, ob die Aura verschiedener Personen sich auch unterschiedlich anfühlt.

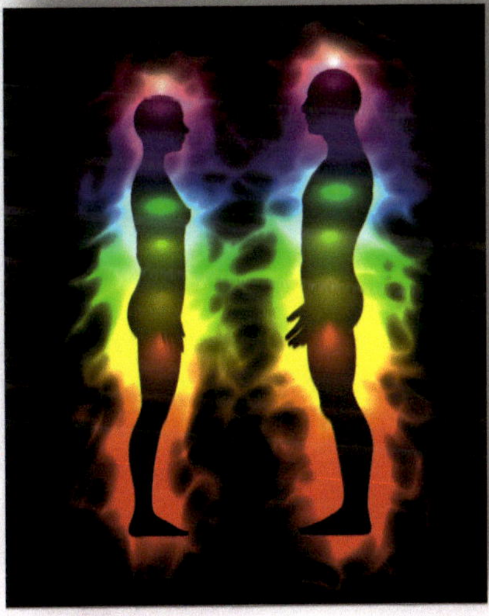

Wenn du die Möglichkeit zum Üben an anderen Personen hattest, hast du sicher festgestellt, dass jeder Mensch eine individuelle Aura hat. Aus dieser Aura kann man sensitiv ziemlich alles ablesen – von momentanen oder allgemeinen Gemütszuständen über Vergangenheit, Gegenwart, Umgebung bis hin zu zukünftiges Potenzial bzw. Tendenzen.

Experimentiere im nächsten Schritt auch mit deinem Essen. Scanne es feinstofflich. Jedes Objekt hat eine physische Aura. Es gibt keine tote Materie, alles ist Energie. Spüre, ob du einen Unterschied zwischen den einzelnen Lebensmitteln erfassen kannst. Hat ein bestimmtes Lebensmittel mehr Energie, ein anderes eventuell weniger oder gleich viel? Gehe beim nächsten Einkauf achtsamer durch den Supermarkt oder schlendere einmal gemütlich über einen Wochenmarkt und lerne die Nahrungsmittel und ihren Nährwert sensitiv kennen.

Lebensmitteln können aber auch fremde Energien anhaften. Je nach Art und Herkunft wurden sie vielleicht schon von etlichen Menschen in den Händen gehalten. Lebensmittel können aber auch Energie verlieren. Je mehr sie verarbeitet wurden, desto weniger der ursprünglichen Energie ist noch vorhanden. Indem man sich aber mit seinem Essen in Verbindung setzt, kann man diese mit positiven Affirmationen wieder aufladen. Dies kann durch Visualisierung eines Lichts, mithilfe eines kurzen Segenspruchs oder einer Danksagung erfolgen. Auch kann man

Lebensmittel auf sensitive Verträglichkeit für sich oder jemand anderen testen. Dazu stellt man sich zuvor einfach auf diese Person ein und vertraut dann seiner Intuition.

Die mentale Aura

Hast du dir schon einmal Gedanken darüber gemacht, wie jemand denkt? Wie der Mensch funktioniert? Jeder Begriff, sofern wir diesen bewusst aufgenommen haben, weckt in uns eine Erinnerung. So ruft zum Beispiel das Wort ›Plusquamperfekt‹ bei den meisten Menschen automatisch Erinnerungen an die Schulzeit wach – ob positiv oder negativ, ist eine andere Geschichte ... Ein lustiges Experiment ist, sein Gegenüber aufzufordern, auf gar keinen Fall an einen rosaroten Elefanten zu denken. Was geschieht? Augenblicklich erscheint dieser vor dessen Inneren Auge.

Auch die Art und Weise, wie jemand die Zeitung liest, ob er beispielsweise zuerst den Sportteil oder den Wirtschaftsteil liest, lässt Schlüsse auf sein Denken zu. Wie geht dieser Mensch mit Problemen um? Gerät er leicht in Panik? In diesem Fall würden wir gleichzeitig auch stark die emotionale Aura wahrnehmen. So kann man aus der mentalen Aura erspüren, wie jemand denkt und was sein Denken in ihm verursacht. Jede Art von Kommunikation findet zunächst auf der mentalen energetischen Ebene statt.

Indem wir einen Klienten auf seine Denkweise aufmerksam machen, kann in ihm eine Veränderung hervorgerufen werden, sofern er das will. Die Entscheidung liegt aber immer bei der betreffenden Person. Mit dem Aura-Sehen können wir Impulse oder Hilfestellungen anbieten, etwas aus einer anderen Perspektive zu betrachten.

Es ist nicht unsere Aufgabe, recht zu haben, das wäre überheblich. Wir zeigen nur mögliche Lösungen auf, ohne jegliche Kritik und Wertung, und bieten Hilfe zur Selbsthilfe. Die Art, wie man als medialer oder sensitiver Berater arbeitet, hängt schlussendlich auch davon ab, wie man selbst funktioniert. Ist man eher denkorientiert, dann fällt es einem leichter, den Menschen auf dieser Ebene zu betrachten. Ist man dagegen eher emotional orientiert, dann arbeitet man leichter auf der emotionalen Ebene. Darum ist es sehr wichtig, dass wir das Instrument, mit dem wir arbeiten, kennen und diese Fähigkeiten ausbauen.

Die emotionale Aura

Die emotionale Aura zeigt uns den Gefühlszustand eines Menschen. Wir können daraus erkennen, wie jemand in bestimmten Situationen fühlt. Dieser Bereich ist schwieriger zu erfassen als das Denken, denn die meisten Menschen sind sich ihrer Emotionen nicht bewusst. Vielen ist überhaupt nicht klar, dass sie Gefühle haben dürfen! Dies ist in unserer westlichen Welt kulturell bedingt. Ein Italiener zum Beispiel zeigt seine Gefühle anders als ein Norddeutscher. Diese kulturellen Unterschiede muss man beim Lesen der Aura unbedingt berücksichtigen und wissen, dass unterschiedlich gelagerte Menschen auch unterschiedlich reagieren.

Daher ist es besonders wichtig, sich selbst erforscht zu haben. Du solltest wissen, ob du eher introvertiert oder extrovertiert bist. Ob du eher auf dein eigenes Seelenleben ausgerichtet bist oder deine Gefühle lebst. Ein extrovertierter Mensch wird bei einem introvertierten Menschen viel zaghaftere Gefühle wahrnehmen als umgekehrt. Ein introvertierter Mensch dagegen reagiert auf äußere Einflüsse viel empfindlicher als ein extrovertierter.

Beim Arbeiten mit Emotionen sollte man dies berücksichtigen und man sollte erspüren können, was die gefühlte Emotion für das Gegenüber bedeuten könnte. Dies ist eine wahre und echt spannende Herausforderung.

Übung: Wahrnehmung der emotionalen Aura

Für diese Übung benötigst du eine Testperson, mit deren Hilfe du verschiedene Gemütslagen beobachten kannst.

> Komme zur Ruhe und schaue dir die Aura der Person dir gegenüber an. Fokussiere dich bzw. schwinge dich auf die Frequenz der emotionalen Aura ein. Nun bitte deine Testperson, sich an etwas Positives zu erinnern. Lass sie diesen Zustand ca. eine Minute lang halten und ergründe ihre Aura. Danach bitte sie, an etwas Negatives zu denken und schließlich an etwas Neutrales. Beobachte jeweils die Veränderungen in der Aura.

Auch kannst du diese Übung ausbauen und deine Testperson bitten, in eine beliebige Emotion zu gehen. Deine Aufgabe wäre hier, diese Emotion zu erspüren und zu beschreiben, wie diese sich anfühlt.

Die spirituelle Aura

Über die spirituelle Aura kann man erkennen, inwieweit ein Mensch nach spiritueller Entwicklung strebt. Die Frage nach dem Sinn des Lebens und alles, was damit zusammenhängt, sind hier zentrale Punkte. Die meisten Menschen möchten erfahren, wo ihre Potenziale liegen und welches ihre Lebensaufgabe ist. Hier gilt es aber, Folgendes ganz besonders zu beachten: Was wir nicht selbst erfahren haben, können wir nicht weitergeben. Wenn wir also als Berater selbst nicht über Jahre hinweg intensiv an unserer spirituellen Entwicklung gearbeitet haben, sind wir nicht kompetent, jemanden diesbezüglich zu beraten. Eine spirituelle Entwicklung ist nicht erlernbar. Mit unserem Körper, unseren Gedanken und unseren Gefühlen haben wir bereits unser gesamtes Leben lang Erfahrungen gesammelt. Dies hat aber keinen Einfluss auf die spirituelle Entwicklung. Über Spirituelles kann man nur Erfahrungen sammeln, indem man sich damit auseinandersetzt.

Spirituelle Fragen berühren immer auch die mentale und emotionale Ebene. Egal, auf welcher Ebene wir ein Problem haben, dieses wird Einfluss auf alle Ebenen haben. Alles hängt mit allem zusammen. Hat jemand auf der emotionalen und mentalen Ebene ein tief greifendes Problem, dann stellt er sich früher oder später die Frage nach dem Sinn des Ganzen.

Ein Beispiel: Einem Familienvater wird gekündigt. Körperlich wird er Beklemmung spüren, vielleicht zeigt sich ein Druck im Magen (physische Ebene), er wird bedrückt sein und sich Sorgen machen (emotionale Ebene) und ein Szenario mit allen möglichen Folgen und Konsequenzen wird sich vor seinem inneren Auge abspielen (mentale Ebene). Schlussendlich fragt er sich, was das alles, dieses ganze Abmühen und Plagen, wohl für einen Sinn hat, nur um ein bisschen Wohlstand zu erlangen (spirituelle Ebene).

Betrachtest du die Aura eines anderen Menschen – vielleicht gibst du Klienten sogar Hilfestellung –, dann ist es sehr wichtig, dass du deinem Gegenüber immer mit Offenheit, Demut und Mitgefühl begegnest. Jegliches Werten und Beurteilen ist überflüssig und eher hinderlich. Die Menschen sind und reagieren unterschiedlich, jeder ist ein Individuum. Auch wir mussten lernen, dass ein Schaden am Auto genauso schlimm sein kann wie ein Verlassenwerden.

Die Farben der Aura

Wir nutzen die Farben als ein Werkzeug, wobei du achtsam mit ihnen umgehen solltest. Denn Farben werden ganz unterschiedlich interpretiert. Jeder sieht ein Rot anders. Je nach Arbeitsweise wird eine Farbe zu einem besseren Werkzeug, wenn man sensitiv in sie hineinfühlt. Was sagt sie dir? Wie fühlt sie sich an? Was bewirkt sie in dir? Stelle dir vor, wie du eins mit der jeweiligen Farbe wirst. Verschmelze mit ihr!

Du darfst dich natürlich auch festlegen. Es gibt Studien, die zeigen, dass die Wirkung von spezifischen Farben absolut ist. Wie wir eine Farbe wahrnehmen, wird aber immer beeinflusst davon, ob es in ihrer unmittelbaren Umgebung gerade hell oder dunkel ist. Auch kommt es darauf an, welche weitere Farbe in ihrer unmittelbaren Umgebung vorherrscht. Es geht also nicht darum, einen vorgefertigten Farbschlüssel auswendig zu lernen und wahrgenommene Farben aufgrund dieses Farbenschemas zu interpretieren. Vielmehr solltest du herausfinden, was wahrgenommene Farben für dich bedeuten, und deinen eigenen Farbschlüssel erspüren.

Die folgende Übersicht beinhaltet nun zum einen die Grundfarben und eine *objektive* Beschreibung, die bei der Interpretation als Ausgangspunkt dienen kann. Diese *objektiven* Charakteristika einer Farbe sind allerdings erst der Anfang, einzelne Aspekte eines Menschen zu erfassen.

Farbschlüssel: Aura-Farben und ihre Bedeutung

Rot

Objektiv: Stärke, Energie, Leidenschaft, Vitalität, Ausdauer, Durchhaltevermögen, Erdung, Spontaneität, Leidenschaft oder physische Kraft.

Subjektiv: Unserer Erfahrung nach zeigt sich eine ›Entzündung‹ in Rot, also ein aktuelles Thema, das gerade entzündet und entflammt ist, ob auf physischer, emotionaler oder körperlicher Ebene.

Beispiele dafür, wie die Farbe Rot interpretiert werden kann, und ihre Bedeutung:

- Ein nervöses oder flackerndes Rot zeigt Unstetigkeit, Anspannung und Nervosität.
- Feuerrot zeigt eher Wut, Zorn und Ärger – Schattierung und Aktivität deren Intensität.
- Blutrot steht für Schmerz, also Verlust auf emotionaler Ebene.

Orange

Objektiv: Kreativität, Produktivität, Freude, Optimismus, Enthusiasmus, Ausdruck von Emotionen, Geselligkeit.

Subjektiv: Auch hier birgt die Textur der Farbe unterschiedliche Interpretationsmöglichkeiten:

- Das Orange einer reifen Apfelsine steht für klare Meinungen, Durchsetzungsvermögen und ausgeprägte Persönlichkeit. Für uns ein Hinweis auf eine beginnende oder endende Erhitzung bezogen auf ein Thema.

- Mattes Orange steht eher für Hingabe und Auflösung durch das Feuer der Erkenntnis – wenn jemand auf einem spirituellen Pfad ist.

Gelb

Objektiv: Humor, Spaß, Leichtigkeit des Seins, persönliche Kraft, Zuversicht, Klarheit, Intellekt, Logik, Kreativität, Freude.

Subjektiv: Ist das Gelb wie eine reife Zitrone oder gleicht es einer aufsteigenden Sonne, steht es für Zuversicht, Klarheit und Freude. Dieser Mensch ist voller Kraft.

Beispiele dafür, wie die Farbe Gelb interpretiert werden kann, und ihre Bedeutung:

- Mattes Gelb kann Enttäuschung, Frust oder Niedergeschlagenheit bedeuten.
- Goldiges Gelb wird oft mit spiritueller und geistiger Entwicklung in Verbindung gebracht.
- Ist die Farbe nervös oder flackernd auf der mentalen Ebene, lässt dies eine starke Fantasie erkennen.

Grün

Objektiv: Balance, Harmonie, Wachstum, Erneuerung, Heilung, Natur, Liebe, Kommunikation, Kreativität.

Subjektiv: Grün in vielen Schattierungen weist auf eine flexible und lebendige Persönlichkeit hin. Empfinden wir die Farbe

- z. B. als giftiges Grün, deutet sie darauf hin, dass die Person genervt, unzufrieden und möglicherweise unfreundlich und aggressiv ist.

- Ein sehr dunkles Grün hingegen verrät die Tiefe der Gedanken und ein intensives Verstehenwollen, aber auch Unnachgiebigkeit.

Blau

Objektiv: Ruhe, Frieden, Ehrlichkeit, Liebe, innere Zufriedenheit, Hingabe, Spiritualität und emotionale Tiefe.

Subjektiv: Man hat es wahrscheinlich mit einem Gefühlsmenschen zu tun, wobei Gefühle nicht mit Emotionen zu verwechseln sind. Die Person ist sich über die eigene unsterbliche Seele bewusst.

- Ein tiefes Königsblau bedeutet oft eine Tiefe in den Gefühlen.

- Ein mittleres Blau bedeutet dabei kühl, unterkühlt, kalt – Gefühle oder Emotionen unterdrückend.

- Hellblau zeigt ein großes Interesse an Wissen und Lernen.

Violett

Objektiv: Intuition, Vorstellungsgabe, Meditation, Kreativität, künstlerisches Schaffen, Ausgeglichenheit, Verbundenheit mit dem Universum, Im-Fluss-Sein.

Subjektiv: Violett wird oft mit klarem Verstand und Einsicht in Verbindung gebracht. Bedeutet aber auch innere Härte und Abgrenzung.

Schwarz

Objektiv: Dominanz, Seriosität, Selbstbewusstsein, Unnahbarkeit, Ungezwungenheit.

Subjektiv: Gerne verbindet man Unangenehmes oder Unheilvolles mit dieser Farbe wie Tod, Krankheit oder Unglück. Dabei hat kaum eine Farbe so gegensätzliche Wirkung wie Schwarz:

- Dunkles Pechschwarz kann auf Themen hindeuten, die nicht gesehen werden können, wie Traumata, Schrecken, Unangenehmes oder Unterdrücktes. Auch ein Geheimnis kann sich durch Schwarz in der Aura zeigen.

- Ein Schwarz der Unendlichkeit zeigt wiederum spirituelle Entwicklung und Offenheit sowie universelles Bewusstsein. Denn in seiner reinen Form spiegelt Schwarz auch die Unendlichkeit, das Göttliche wider.

- Grau/Anthrazit bedeutet oft Unklarheit, Verunsicherung, Zögerlichkeit und Unentschlossenheit.

Weiß

Objektiv: Wahrheitsliebe, Klarheit, Reinheit, Religiosität, das Göttliche, aber auch einfach die physikalische Aura.

Subjektiv: Weiß als eigenständige Farbe oder Lichtstrahl kann bedeuten, dass eine neue Ebene der Kreativität erwacht oder beim betreffenden Menschen ein klärender Reinigungsprozess in Gang ist.

Objektive Wahrnehmung der Aura

Bis jetzt hast du die Aura bereits mit den Händen erspüren können und beobachtet, wie diese sich anfühlt. Alles, was so in Erscheinung tritt, hat drei Darstellungsformen: Licht, Ton und Energie.

Jede Schwingung (Energie) kann man somit auch als Farbe (Licht) interpretieren. Jede Emotion, die wir durch die Aura wahrgenommen haben, können wir auch mit einem Farbfilter versehen. So kommen wir dem Geheimnis des ›Aura-Sehens‹ einen weiteren Schritt näher.

Dir ist bereits bewusst, dass du die Aura wahrnehmen kannst – mit deinen Händen und über deine Emotion. Du konntest sie lesen. Nun erlauben wir unserem Gehirn oder Denkorgan, Farben darüberzulegen. Damit gestattest du der Energie, die du wahrgenommen hast, auch als Farbe zu erscheinen. In der nächsten Übung werden wir dies vertiefen und lernen, einzelne Emotionen in Form von Farbe wahrzunehmen.

Übung: Emotion als Farbe sehen

Bitte für diese Übung wieder eine Testperson, sich dir zur Verfügung zu stellen.

> Gehe in die Ruhe und stelle deine Frequenz auf die deiner Testperson ein.
>
> Bitte nun deine Testperson, sich für etwa 2-3 Minuten in eine Emotion zu vertiefen. Während du nun die Aura deines Gegenübers betrachtest, lässt du gedanklich einen Farbfilter über diese Emotion legen. Dafür reicht ein kurzer Gedanke oder du kannst auch lautlos eine Bitte aussprechen.
>
> Mit offenen oder geschlossenen Augen beobachte nun die erscheinenden Farben. Tausche dich erst nach dieser Übung mit deiner Testperson aus, damit du nicht von den Aussagen deines Gegenübers beeinflusst wirst.

Das Ergebnis ist immer vom Fokus des Betrachters abhängig. Meistens ist dieser nicht still genug und so wird das Objekt instabil. Wahrscheinlich nimmst du etwas wahr, möchtest es genauer betrachten und genau dann verschwindet es. Dies liegt daran, dass unsere Gedanken zu sprunghaft sind und wir somit zu wenig Übung darin haben, den Fokus zu halten.

Die mentale Aura ist meist überaus dynamisch, da sie den Geist, der bei den meisten Menschen eher von unruhiger Natur ist, widerspiegelt. Die emotionale Aura ist schon etwas weniger dynamisch, da die Emotionen in der Regel nicht so wechselhaft sind wie die Gedanken. Die physische Aura ist im Großen und Ganzen recht statisch, außer jemand hat gerade ein gesundheitliches Problem. Die spirituelle Aura ist im Allgemeinen sehr statisch, da sich die spirituelle Entwicklung über eine längere Zeitspanne hinzieht.

Es kommt also darauf an, auf welche Ebene du als Betrachter eingehst und wie dein Betrachtungswinkel aussieht. Vielleicht haben zwei Personen unabhängig voneinander zwar die gleiche Farbe wahrgenommen, diese aber unterschiedlich interpretiert.

Folgendes Beispiel macht es greifbarer: Du nimmst das Bild einer Vase wahr und interpretierst es als Trinkgefäß. Jemand anderes nimmt das gleiche Bild einer Vase wahr und interpretiert es als Blumengefäß. Jede Wahrnehmung ist abhängig von der Erinnerung des Betrachters, damit sie überhaupt interpretiert werden kann. Und diese Erinnerung wird bei jedem Betrachter eine andere sein – das Resultat jedoch wird sich in seinen Grundzügen gleichen. Das bedeutet objektive Wahrnehmung.

☞ *Subjektive Wahrnehmung bedeutet, dass feinstoffliche Ebenen sensitiv mit den Hellsinnen und den Kanälen, die dem jeweiligen Menschen entsprechen, wahrgenommen werden. So kann feinstoffliche Information individuell in Bildern, Farben, Symbolen usw. wahrgenommen werden. Subjektive Wahrnehmung ist eher innerlich zuordenbar, nicht in Bezug auf den physischen Körper. Bei objektiver Hellsichtigkeit wird das Feinstoffliche sichtbar in Bezug auf räumliche Relation.*

Keine Emotion zeigt sich in nur einer Farbe, sie weist immer verschiedene Schattierungen auf, da sie immer mit noch weiteren Emotionen verbunden ist. Baue eine Kommunikation mit der Farbe auf und lass sie zu dir sprechen. Frage sie, was sie zu bedeuten hat. Je fortgeschrittener du wirst, desto eher kommst du auf ähnliche bis gleiche Resultate. Dein Instrument wird immer besser geeicht sein und deine persönliche Interpretation wird allmählich verschwinden.

Am Anfang lernst du sämtliche dir zur Verfügung stehende Werkzeuge kennen und wirst mit ihnen üben, üben, üben – bis du sie nicht mehr benötigst. Mit zunehmender Erfahrung wirst du Schritt für Schritt dich und deine persönlichkeitsbezogenen Interpretationen komplett ausschalten.

Mit der Zeit werden während einer professionellen Sitzung Farben an sich keine Rolle mehr spielen, sondern nur noch deren Interpretation. Für den Klienten sind die Farben eher unwichtig. Für ihn ist von Bedeutung, dass er ein Werkzeug in die Hände bekommt, mit dem er an sich arbeiten kann.

Übung: Erstellung und Interpretation eines Aura-Bildes

Mache diese Übung mit Freunden oder Familienmitgliedern oder besuche dafür zum Beispiel ein Café.

Betrachte nun die Aura einer Person und übertrage diese mit Farbstiften auf ein weißes Blatt Papier. Du zeichnest also deine Wahrnehmungen auf. Was du siehst, beschränkt sich nicht nur auf Farben, dir kommen vielleicht auch Symbole oder Figuren in den Sinn.

Lass also dieses Bild in einem gelassenen Zustand entstehen. Es hat nicht den Anspruch, gezeichnete, schöne Formen zu beinhalten. Gib dich intuitiv deiner Wahrnehmung hin und drücke sie ohne zu hinterfragen oder zu interpretieren mit den Farbstiften aus. Erst im nächsten Schritt wird das Bild interpretiert.

Für die Interpretation eines Aura-Bildes spielt es grundsätzlich keine Rolle, ob du selber dieses Bild gezeichnet hast oder jemand anderes. Lass dich einfach davon inspirieren, was es dir während der Betrachtung mitteilen möchte. Und erinnere dich immer wieder daran, dass es Freude machen soll! Diese Einstellung öffnet dir leichter den Zugang zur Interpretation. Nimm dir dafür mindestens 20 Minuten Zeit.

Wenn du das Gefühl hast, es kommen keine Informationen mehr, dann lass dieses Gefühl los, mache einfach weiter und versenke dich tiefer in das Bild hinein. Zwischendurch kannst du dich auch immer mal wieder entspannen und so deinen Kopf entlasten. Bewege dich dazu ein wenig oder trinke etwas – das lenkt ab und lässt das ›Wollen‹ los.

Mögliche Schwierigkeiten bei dieser Übung könnten eigene Erwartungen und Vorurteile sein. Beides blockiert die Wahrnehmung. Aura-Bilder als Beispiel findest du im Anhang.

Diese Lektüre soll dir nicht helfen, Medialität bzw. Sensitivität zu erlernen, sondern deine Medialität bzw. Sensitivität zu finden. Je mehr du mithilfe der einzelnen Praxisteile und Techniken übst, desto schneller gewöhnt sich dein Geist an die neue Wahrnehmungsform und dein Erfahrungsschatz wie auch dein Erinnerungsvermögen werden reicher.

Eine uns oft gestellte Frage bezieht sich auf das Thema Schutz. Einzelne – meist eher emotional geprägte Menschen – haben gewisse Wahrnehmungen, die sie im Nachhinein belasten. Doch es gibt Möglichkeiten, um sich davor zu schützen, obwohl dies, wie bereits an anderer Stelle erläutert, eigentlich nicht erforderlich ist. Die effektivste Methode sich zu schützen besteht darin, sich selbst besser kennenzulernen. Durch konsequente Meditationspraxis und Selbsterkenntnis kannst du mit der Zeit erkennen, was zu dir gehört und was nicht! Wenn du das weißt, schenke dem, was du nicht bist, einfach keine weitere Beachtung mehr.

Wenn du mit jemandem arbeitest, gehst du immer mit ihm eine Verbindung ein. Hat diese Person nun ein Problem – nehmen wir an, sie hat gerade ein Streitgespräch geführt oder plagt sich mit existenziellen Sorgen – und du nimmst dieses Problem an, dann ist dies dein Interesse an diesem Problem oder der Person mit dem Problem. Es ist nicht so, dass die betreffende Person dir dieses Problem anhängen wollte. Du bist es, die dieses Problem auf- und angenommen hat. Bist du dir dieses Umstandes bewusst, kannst du dieses Muster loslassen. Das ist die effizienteste Methode, sich zu schützen sowie an sich zu lernen.

Solltest du dann noch immer das Bedürfnis haben, dich schützen zu wollen, kannst du dir eine schützende Glaskuppel oder Ähnliches um dich herum visualisieren, während du mit jemandem sprichst, arbeitest oder in der S-Bahn fährst. Stelle dir dazu einfach vor, dass nichts von deinem Gegenüber zu dir gelangen kann, sondern nur heilende Energie von dir zu der betroffenen Person fließt.

Es gibt allerdings auch Menschen, die zu ihrem Schutz bzw. um präsent und bei sich selbst bleiben zu können, ein Mantra oder etwas Ähnliches innerlich rezitieren und singen. Mantra bedeutet: Versiegle den Geist. Das führt dazu, dass du mit deiner Achtsamkeit ganz bei dir bist, genauso wie wir das empfehlen. Dies könnte eins der Werkzeuge für dich sein. Finde einfach selbst ein geeignetes Werkzeug für dich, das dir im Bedarfsfall das Gefühl gibt, geschützt zu sein.

Es gibt noch weitere Möglichkeiten, um den Klienten bzw. das Thema loslassen zu können. Zum einen kannst du dir nach einer Sitzung einen Moment Zeit nehmen und den Klienten ganz bewusst loslassen oder du machst dir Notizen zu diesem Klienten und schreibst sozusagen einen Schlussbericht.

Grundsätzlich aber bleibt nichts an dir hängen, an dem du nicht selber hängenbleiben möchtest. Überprüfe für dich immer wieder, was dich beschäftigt, welche Anhaftungen und Themen du selbst hast, und arbeite damit. So wird das Loslassen stetig einfacher, bis nichts mehr bleibt und du zunehmend besser und konsequenter in deiner eigenen Energie bleibst.

Technik 2: Lebensthemen in der Aura lesen

Eine zweite gern genutzte Methode ist es, dem Klienten einen Überblick über sein gesamtes Leben zu geben. Dazu kannst du dich bei der Aura sensitiv nach bestimmten Themen erkunden. Dies mag im ersten Moment befremdlich klingen, ist aber mit einer klaren Absicht möglich. Dazu sagst du dir innerlich: »Ich finde nun für mein Gegenüber relevante Themen über seine Aura heraus.«

Die wichtigsten Fragen und Themen, die in unserer Praxis immer wieder angesprochen werden, sind: Gesundheit, Familie, Beruf, Finanzen, Ausbildung, Hobbys, Freunde, Wohnsituation, Spiritualität und Sinn des Lebens. Gewichtung und Reihenfolge sind dabei sehr individuell.

Zum Beispiel macht es immer Sinn, die **Wohnsituation** zu betrachten, denn in diesem Bereich kann die Ursache für grundlegende Probleme liegen. Hat jemand einen unruhigen oder schlechten Schlaf, könnte die Ursache in einer unharmonischen Einrichtung liegen oder an einem falsch installierten Elektroanschluss. Auch die Lage eines Grundstücks kann sich auf das Wohlbefinden auswirken. Mit geschulter Sensitivität kannst du alles Mögliche feststellen, dir sind keine Grenzen gesetzt.

Auch hier ist die Qualitätssicherung sehr wichtig: Zunächst beschreiben wir die Wohnsituation des Klienten, damit wir ganz sicher sein können, dass wir am richtigen Ort sind. Erst wenn wir eine positive Bestätigung erhalten, fahren wir fort. Denn wenn wir dies nicht sicher beschreiben können, sind vermutlich auch die übrigen Informationen ungeeignet. Die Wichtigkeit der Qualitätssicherung können wir nicht genug betonen, denn es ist essenziell, immer vorab sicherzustellen, über wen bzw. was wir sprechen, bevor wir fortfahren. Tun wir das nicht, könnten sich für den Klienten unangenehme bis katastrophale Folgen daraus ergeben.

Beim Thema **Gesundheit** ist größte Vorsicht geboten. Ohne eine adäquate medizinische Ausbildung und Zulassung darfst du keinesfalls eine Diagnose stellen. Solltest du anhand der Aura energetische Mängel erkennen, kannst du deinem Klienten behutsam raten, sich einer medizinischen Untersuchung zu unterziehen, um dies abzuklären. Unbefugte Diagnosestellung kann dramatische Konsequenzen haben, aber zumindest Angst oder Panik auslösen. In Übungssituationen kannst du dich jedoch darauf zu konzentrieren versuchen, welche Verletzungen, Brüche und Ähnliches dein Gegenüber bereits in seinem bisherigen Leben hatte.

Im Hinblick auf **Beruf und Berufung** geben wir zunächst immer einen Überblick über die Ausbildungen, die der Klient gemacht hat, und über seine momentane berufliche

Tätigkeit, seinen Arbeitsort und vielleicht über seine Kollegen. Mit dieser Form der Beweisführung ist sichergestellt, dass wir präzise arbeiten. Nur wenn wir alles richtig erkannt haben, können wir davon ausgehen, dass wir auch das vorhandene Thema, die Herausforderungen, Probleme oder das Potenzial des Klienten richtig erkennen. Dies nennen wir ›sauberes QM‹ (Qualitätsmanagement). Wenn dich diese Lektüre dazu inspiriert hat, eine solche Tätigkeit auszuüben, gehen wir davon aus, dass du in diesem Sinne und mit diesem Bewusstsein arbeitest.

So wie man über die Arbeitssituation viel herausfinden kann, ist es natürlich auch möglich, Müttern wie auch Vätern Hinweise über ihre Kinder zu geben, die sie selbst, wie ich es humorvoll beschreibe, aufgrund einer natürlichen Betriebsblindheit nicht mehr wahrnehmen können. Wenn wir so nah an geliebten Menschen sind oder bereits lange über ein Problem gebrütet haben, sehen wir sprichwörtlich vor lauter Bäumen den Wald nicht mehr.

Wenn sich ein Klient beruflich umorientieren möchte, wir aber kein entsprechendes Potenzial in seiner Aura erkennen können, raten wir ihm, sich die Entscheidung nochmals zu überlegen. Gerne gebe ich (Andy) ihm folgenden Rat mit auf den Weg: Die eigene Meinung zu ändern, ist vielmehr ein Zeichen von Mut und Intelligenz als von Dummheit!

Kürzlich kam ein junger Mann für eine Standortbestimmung zu mir. Er wisse eigentlich nicht so recht, warum er gekommen sei, sagte er. Er war Informatiker und hatte den Arbeitgeber und gleichzeitig auch das Arbeitsfeld gewechselt. In seinem neuen Umfeld fand er jedoch nicht die Befriedigung, die er erwartet hatte.

Nachdem ich sein Berufsbild in der Aura betrachtet hatte, konnte ich feststellen, dass er zu 100 % das gefunden hatte, was er sich vorgestellt hatte. Er selbst konnte es aber nicht erkennen, weil er sich ausschließlich auf das konzentrierte, was ihn im neuen Umfeld störte. Bestätigen konnte er mir aber, dass die neue Tätigkeit anfangs total genial war, sich dann aber zunehmend verschlechtert hatte.

Daraufhin scannte ich die verschiedenen Aspekte seines Umfeldes und dabei fiel mir der stellvertretende Bereichsleiter auf, ein durchweg netter Mensch. Allerdings rief dessen Art in meinem Klienten Erinnerungen an einen früheren Vorgesetzten wach, der ihm das Leben schwer gemacht hatte. Als der junge Mann dies erkannt hatte, öffnete sich ihm ein Vorhang, er war wieder in der Lage, das gesamte Bild zu sehen, und seine Arbeit machte ihm wieder Spaß. Das bestätigte er mir nach sechs Monaten während eines anderen Termins.

Hin und wieder passiert dies jedem von uns. Wir konzentrieren uns schnell einmal nur auf die Nachteile und das

Positive kann dadurch gar nicht mehr erkannt werden. Hier kann eine sensitive Standortbestimmung sehr nützlich sein. Manchmal reicht es schon aus, jemandem Hinweise zu geben, wie er mit gewissen Konflikten umgehen kann.

☞ Im Aura-Reading geht es bei der Standortbestimmung darum, bei einem oder allen Aspekten des Lebens von einem Medium bzw. Sensitiven Informationen darüber zu erhalten, wo und wie ein Mensch im Leben steht – und zwar aus neutraler Sicht. Wie bereits erwähnt, sind wir, was uns und unsere Lebenssituation betrifft, meist ›betriebsblind‹. Die Standortbestimmung lässt sich durchaus als ›klarerer‹ Spiegel der eigenen Lebenssituation bezeichnen.

Beim Thema **Geld** ist es sehr spannend zu betrachten, welchen Bezug eine Person zu Geld hat. Wie hoch ist sein monatliches Einkommen und was bleibt nach Abzug aller Kosten übrig? Sehr oft stellt der ›schnöde Mammon‹ leider eine große Herausforderung für Paare und Familien dar. In vielen Fällen ist Geld bedauerlicherweise ein eher dominantes Thema, da es fast alle Aspekte unseres Lebens beeinflusst. Oftmals liegt das Problem aber nicht an fehlenden Einnahmen, sondern an zu hohen Ausgaben. Auch dies kann man aus der Aura ersehen.

Man kann einen Klienten in Bezug auf seine Ausgaben ›scannen‹. Allerdings geben wir nie Zukunftsprognosen in Bezug auf mögliche Erbschaften oder Ähnliches ab, denn der Klient könnte sich dann möglicherweise Sorgen um Angehörige machen oder sich fragen, wen er wohl beerben werde. Bei Lohnverhandlungen ist es aber schon möglich und hilfreich zu spüren, welches Potenzial noch vorhanden ist.

Bei **Partnerfragen** gilt die gleiche Regel wie beim Thema Beruf und Berufung: Zunächst wird Beziehung bzw. der Partner oder die Partnerin beschrieben, sodass unser Gegenüber ihn bzw. sie klar erkennen kann. Erst im zweiten Schritt geht man auf die verschiedenen Aspekte der Beziehung ein. Auch hier ist eine Standortbestimmung als ›klarer‹ Spiegel sehr hilfreich, um dem Klienten Gesichtspunkte und Aspekte aufzuzeigen, die dieser nicht mehr oder durch seine Beziehungsprobleme verzerrt sieht.

Spiritualität und Persönlichkeitsentwicklung sind wie auch Familie und Beziehungen sehr sensible Bereiche. Gehst du auf die Persönlichkeitsaspekte einer Person ein, dann versuche, möglichst offen und urteilsfrei zu sein, denn wie du weißt ist jeder Mensch individuell und einzigartig.

Bei der Persönlichkeit solltest du dir immer Zeit lassen und fühlen, was hinter dem Bild steht, welches der Klient dir gerade zeigt. Lass dich dabei nicht von sporadischen

Situationen beeinflussen, denn dein Klient könnte beispielsweise gerade aus einer stressigen Situation kommen oder einfach nur nervös sein. Wie du einen Menschen empfindest, ist – wie bereits ausgeführt – ganz stark durch deine eigene Persönlichkeit (also durch dein ureigenes Betrachtungs- und Wertesystem) gefärbt. Jeder Mensch – egal wo er gerade steht – hat zahlreiche positive und spannende Persönlichkeitsaspekte.

Selbstverständlich hat er auch Eigenschaften oder Eigenheiten, an denen er sich selber stört. Diese zu finden und dem Klienten im besten Fall zu helfen, sie zu verändern, ist eine sehr dankbare Arbeit, die jede Menge Fingerspitzengefühl und eine gesunde Portion Humor erfordert. Ich persönlich (Andy) habe noch nie einen Menschen getroffen, der im Innersten nicht ein äußerst liebenswerter Mensch war, der nach Liebe und Anerkennung strebt. Nach meiner Erfahrung ist dies die einzig akzeptable Betrachtungsweise, wenn du mit Menschen arbeiten möchtest.

Beim Thema **Spiritualität** kommt es besonders darauf an, seine Worte weise zu wählen, da viele Menschen auf gewisse Begriffe und Perspektiven sehr sensibel reagieren. Nicht jeder kommt mit dem Begriff ›Gott‹ in gleicher Weise klar. Darum übe dich darin, dich sensibel auszudrücken. Wähle vorzugsweise eher Ausdrücke wie universelle Liebe, göttliche Energie, Schöpfer oder Schöpferkraft.

Spiritualität und Persönlichkeit sind häufig mit starken Emotionen verbunden und erfordern daher einen sehr behutsamen Umgang.

Schöpfe geduldig und hingebungsvoll das Potenzial deiner Medialität und Sensitivität aus. Es lohnt sich, Ausdauer zu haben, intensiv zu üben und dranzubleiben.

Bemühe dich auch immer wieder, deine eigenen inneren Konflikte zu überwinden. Sätze wie »Ich traue mich nicht«, »Ich kann das nicht«, blockieren dein Vertrauen in deine Fähigkeiten unnötig. Mit den Jahren lernst du, in den Fluss zu kommen und dein Bewusstsein so zu steuern, dass du dank intensiver Konzentrationsfähigkeit bei dir bleibst. Ein klarer Geist hat keine Grenzen. Wir empfehlen an dieser Stelle: Bemühe dich um eine stete, tiefe, konsequente tägliche Meditationspraxis.

Übung: Aura-Lesen anhand von Themen

Nimm ein Blatt Papier und zeichne 6 gleich große Felder darauf. In jedes der sechs Felder notierst du nun ein Themengebiet. Natürlich kannst du auch 8 Felder oder mehr nehmen, je nachdem, wie viele Themengebiete du bearbeiten möchtest. Für diese Übung bezeichne die Felder folgendermaßen:

1. Familie/Partner/Freunde
2. Finanzen
3. Wohnsituation
4. Persönliche Entwicklung
5. Hobbys/Freizeit
6. Beruf

Betrachte nun die Übungsperson deines Vertrauens und bitte sie, sich zu entspannen. Entspanne dich ebenfalls und beginne in die vorgezeichneten Felder zu malen.

Nimm dir dabei ein Feld nach dem anderen vor und male ganz ungezwungen und intuitiv. Auch hier geht es nicht darum, schön und präzise zu malen, sondern nur darum, locker und ungezwungen an die Aufgabe heranzugehen.

Wenn sich dir ein Symbol oder ein Thema zeigt, das du nicht interpretieren kannst, dann fordere deinen Geist auf, dieses weiter zu erforschen. Mache alles mit Freude – und unterstehe dich, dich selbst zu kritisieren.

Übung: Das Arbeiten mit Frequenzen

Jedes Objekt hat seine ganz eigene Frequenz und so hat auch jedes Thema einen ganz spezifischen Frequenzbereich.

Wähle ein Thema wie Partnerschaft, Freunde, Beruf, an dem du arbeiten möchtest. In unserem Beispiel geht es um das Thema Partnerschaft. Wenn möglich suche dir eine Übungsperson.

1. Tauche bei dir selbst in das Thema ›Partnerschaft‹ ein. Gehe mit deinem Bewusstsein, mit deiner Feinstofflichkeit, in dieses Thema. Lege deine komplette Aufmerksamkeit auf die Frequenz ›Partnerschaft‹.

2. Bist du auf der richtigen Hauptfrequenz, suchst du nun nach der ›Detailfrequenz Partnerschaft‹ in

deinem Gegenüber. (Dehne die Aura auf dein Gegenüber aus und suche das Thema Partnerschaft in ihm.)

3. Rufe die Infos ab und lass dir diese von deinem Gegenüber bestätigen.

4. Solltest du die Haupt- oder Detailfrequenz verlieren, baue das Übungsszenario nochmals sauber auf. Wiederhole dazu Schritt 1 bis 2.

Verfahre auf diese Weise mit allen relevanten Themen. Lasse dir dabei Zeit, denn es braucht viel Training, um konzentriert dranbleiben zu können und nicht den Faden zu verlieren. Hier gilt das Gleiche wie beim Muskeltraining – richtiges, konsequentes und freundliches Training bringt den Erfolg.

Die Praxis

Das Zusammenspiel der Aura-Schichten in der Praxis

Die emotionale und mentale Aura-Schicht

Zu Beginn eines Aura-Readings achten wir zunächst erst einmal auf die verschiedenen Formen und Schattierungen der Aura am ganzen Körper. Schauen wir absichtslos, werden diese nach einer gewissen Zeit farbig und wir können die verschiedenen Schichten – wir wissen, sie überschneiden sich – erkennen. Gemäß unseren Erfahrungen lassen sich die Menschen mit ihren verschiedenen Charakteren folgendermaßen einordnen:

Stark mental

Menschen, die sehr kopflastig sind, also jene, die in ihren Gedanken festhängen und sehr konzentriert sind, haben eine stark ausgeprägte Aura um den Kopf herum. Diese hat einen Umfang von 30 bis 80 cm. Auch kann man ihre gesamte Energie oberhalb des Herzens erkennen. Dies trifft übrigens für die meisten Menschen im deutschsprachigen Raum zu. Wir sind eher kopflastig und diese Aura-Schicht fühlt sich recht fest an.

Stark emotional

Bei Menschen, die sehr stark mit ihren Gefühlen beschäftigt oder in diese vertieft sind, können wir eher die Energie der emotionalen Aura um den Oberkörper und den Kopf herum wahrnehmen. Je nach Emotion verändern sich Farbe, Farbdichte und Farbtiefe stark. Zudem ist die emotionale Aura meist auch sehr dynamisch, und zwar vor allem dann, wenn jemand sehr sensibel ist und die Umwelt eine Reihe emotionaler Reaktionen hervorruft.

Sanft emotional und mental

Wechseln sich beide Ebenen – emotionale und mentale – sanft ab oder überschneiden sie sich, ist dies gesund und normal, da weder der Kopf noch die Emotionen alleine herrschen sollten. Natürlich ist es wichtig, sehr konzentriert zu sein, insbesondere bei der Arbeit. Gleichzeitig ist es aber auch bedeutsam, aus den Gedanken in die Emotionen zu kommen, damit ein Ausgleich stattfinden kann. Dies gilt auch umgekehrt, denn wer nur von seinen Emotionen regiert wird, wird wohl kaum Kontrolle über sein Leben finden und es schwer haben, auch die einfachsten Dinge umzusetzen.

Stark mental und emotional

Auch gibt es Zustände, in denen sich intensive mentale und emotionale Momente überschneiden und gleichzeitig aktiv sind. Der menschliche Geist jedoch kann sich jeweils nur mit einem Thema wirklich auseinandersetzen und ein intensiver, abrupter Wechsel überfordert uns. Dies können wir einerseits als angenehm empfinden, wenn wir zum Beispiel verliebt sind – unsere Gefühle und Gedanken spielen total verrückt. Andererseits kann bei Streit in der Beziehung das gleiche Muster als sehr unangenehm empfunden werden. Im ersten Fall wollen wir das Gefühl noch vertiefen oder verlängern, da wir es als sehr lebendig und wünschenswert empfinden. Im zweiten Fall dagegen möchten wir es lieber schnellstmöglich loswerden.

Bei Menschen, die gerade wutentbrannt sind, kann man insbesondere im Bauch- bis Halsbereich sehr viel starke und intensive Energie wahrnehmen, die sich ausdrücken will. Wenn dann die Emotionen vorherrschen, wird dies auch stattfinden – in mehr oder weniger angenehmer Form. Versucht der Mensch, seine Wut zu kanalisieren, zu unterdrücken oder in eine andere Form zu bringen, herrscht die mentale Schicht vor.

Gestörtes Verhältnis zwischen emotional und mental

Werden die Emotionen außergewöhnlich stark und so sehr von negativen Erinnerungen oder Erfahrungen geprägt, dass dadurch im Mentalen schlimme, beängstigende und laute Gedanken entstehen, können Angst, Panik, Verunsicherung und weitere unkontrollierte Emotionen die Folgen sein. Diese können in sehr intensive Gedanken und Emotionen enden und einer Spirale gleich kein Ende finden, sondern sich gegenseitig weiter steigern. Diese gedanklichen neuen Bilder können dann eine noch intensivere Emotion und diese wiederum noch schlimmere Bilder hervorrufen, bis es ganz schwierig wird, aus diesem Zustand herauszukommen und auszusteigen.

Unter anderem sind dies die Grundlagen vieler psychischer Störungen, die für die meisten Menschen alltäglich und schon normal sind und daher gar nicht erst hinterfragt werden. »Das war schon immer so und man kann ohnehin nichts daran ändern«, ist die verängstigte Antwort einer inneren resignierten Stimme.

Wird die Disharmonie zwischen mental und emotional zu intensiv, entstehen Depression, Burn-out und Ähnliches und bei weiterer Verschlimmerung können Panikattacken,

Angstzustände und weitere psychische Störungen folgen. Zwischen Emotionen und Gedanken liegt die Kraft der inneren Stärke – Ruhe und Gelassenheit.

Die spirituelle Aura-Schicht

Ist der Mensch gelassen oder zufrieden, kann sich die spirituelle Aura weit ausdehnen – je nach Skala der Zufriedenheit eines Menschen von 10 cm bis zu vielen Metern.

Die ausgedehnte spirituelle Aura bzw. Ebene führt zu einer gesunden Gelassenheit und einem Loslösen vom Drama der Gedanken und Emotionen in ein ›Jetzt‹ – oder, wie wir es auch gerne bezeichnen, in ein ›Bei-sich-Sein‹, also in einen Zustand ohne Ablenkung oder Hineingezogensein von den Gedanken und Emotionen des täglichen Kampfes. Bei sich sein heißt, sich zu spüren, das Bewusstsein in den eigenen Körper zu richten und dabei die Gedanken und Emotionen für einen Moment in den Hintergrund treten zu lassen.

Aus diesem ›Jetzt‹ heraus entsteht eine gesunde Betrachtungsweise und dies ist die Grundlage für ein erfülltes und glückliches Leben. Solange wir in Gedanken und Emotionen gefangen sind, agieren wir ferngesteuert und fremdbestimmt. Wir sind wie auf ›Autopilot‹ geschaltet und bekommen kaum etwas vom eigenen Leben mit. Bringen wir es jedoch fertig, zunehmend mehr bei uns selbst zu sein, können wir unsere Emotionen und Gedanken mehr wahrnehmen als das, was sie sind. Reaktionen und Erscheinungen kommen und gehen – das Selbst aber bleibt immer stabil und von innerer Freude durchdrungen.

Gedanken und Emotionen sind überaus wichtig, aber sie sind nicht das, was uns als Seele ausmacht, sondern was im Moment erscheint. Sie dienen uns, um unser Leben so führen zu können, wie wir es aus unserem Inneren als richtig wahrzunehmen vermögen und nicht, um von Außen versklavt und gegängelt zu werden.

Erst dann, wenn Emotionen und Gedanken in den Hintergrund rücken, entsteht Ruhe. In dieser Ruhe liegt wortwörtlich Kraft. Wünschenswert wäre, wenn wir permanent gelassen jeden Schritt im Leben in dieser inneren Ruhe gehen würden und von diesem Zustand aus die Emotionen und Gedanken nutzen, statt uns von ihnen in Beschlag nehmen zu lassen. Statt uns von unseren Emotionen, Gefühlen und Gedanken beherrschen zu lassen, sollten wir diese als das betrachten, was sie sind: vergänglich und flüchtig. Einige von ihnen bleiben etwas länger, andere gehen zügig und die meisten nehmen wir kaum bis gar nicht zur Kenntnis.

Was übrig bleibt ist das Selbst – das astrale Geistwesen – oder die Seele. Die spirituelle Aura ist ein Ausdruck unserer Verankerung im Selbst – im Jetzt. Sie gewinnt an

Form und Intensität mit der Hingabe eines Menschen an das Jetzt.

Erfolgreich und zufrieden leben

Bei allen Menschen sollten diese drei Ebenen im Einklang sein. Es braucht Emotionen, Gedanken und Präsenz. Sind diese Ebenen ausgeglichen, ist ein Mensch in Balance und in der Kraft, sein Leben so zu leben, wie es für ihn richtig ist. Um das Leben zufrieden und erfolgreich zu leben, bedarf es also aller drei Ebenen. Ernennst du die spirituelle Ebene deines Selbst quasi zum Geschäftsführer und die emotionale und mentale Ebene als weitere umsetzende und handelnde Führungskräfte, die zusammen agieren, kann Harmonie entstehen.

Ein persönlicher Ratschlag von uns an dich: Kümmere dich nicht zu sehr um alle Emotionen und Gedanken, sondern trainiere dich immer wieder darin, dich auf die spirituelle Ebene zurückzuziehen und von da aus über dein Leben zu regieren und zu bestimmen. Nutze deine Emotionen und deine mentale Kraft, um dein Leben so zu leben, wie es für dich richtig ist.

Steter Tropfen höhlt den Stein

Nach über 25-jähriger Praxis als Berater und Coach sowie als medialer und spiritueller Lehrer kann ich (Andy) dich nur immer wieder dazu motivieren, die feinstoffliche Welt und auch die geistige Welt zu erforschen, um herauszufinden, wer wir sind, wie wir ticken und vor allem wie wir immer mehr zu uns selbst finden können. Unser Selbst ist untrennbar verbunden mit dem göttlichen Bewusstsein und je mehr wir in unserem Selbst verankert sind, desto stärker wird die im Göttlichen innenwohnende Glückseligkeit präsent.

Mein Praxistipp an dich ist: Übung macht den Meister! Kein Meister ist je vom Himmel gefallen – also bleibe dran und übe, übe, übe. Mein geliebter und wichtigster indische Lehrer würde das zusammengefasst so sagen: »Mache ein freundliches Gesicht.« Was er damit meint, ist: Versuche ein inneres Lächeln zu entwickeln, mit jeder Übung und jedem Übungsschritt. So werden Gelassenheit und Freude immer mehr zu dir kommen.

Sensitive und mediale Entwicklung ist wie alles im Leben von Erfolgen und Misserfolgen geprägt – bis zu dem Zeitpunkt, ab dem du die Erfolge und Misserfolge unbeachtet lassen kannst und dich deine innere Freude während der Arbeit begleitet und im Leben leitet.

Danke!

Ich (Andy) möchte als Erstes meiner Co-Autorin und Lebenspartnerin Nadine Jaeckle für ihr immenses Wissen, ihre Erfahrungen und die intensive Arbeit an und Unterstützung bei diesem Buch danken. Auch danke ich ihren wundervollen Töchtern Berenice und Fabiola, die mein Leben unendlich bereichern.

Ein großes Dankeschön geht an meine Eltern, Familie und Freunde, die mich tragen und auch manchmal ertragen.

Des Weiteren danke ich all meinen Schülern und Begleitern der letzten Jahre, die mich unglaublich bereichert und es mir ermöglicht haben, diesen Weg zu gehen und diesen Beruf auszuüben – ohne euch ginge das nicht – danke!

Aber mein Dank gilt auch immer wieder meinen spirituellen Lehrern – allen voran Paramapadna Dhirananda, der mir den Schlüssel zur vollkommenen Herzöffnung überreichte und leider schon im Jahr 2011 von uns gegangen ist. Ohne meine Lehrer wäre meine Entwicklung nie so geradlinig verlaufen.

Mein ganz besonderer Dank (Nadine) gilt meinen Lehrern aus der Zeit in den U.S.A.: Gabor Szalontay für seine Unterstützung und Melanie Waxmann für ihr Wissen, das sie großzügig mit mir teilte. Michio Kushi für seinen Zuspruch. Amma Sri Karunamayi und Pat Enkyu O'Hara als spirituelle Lehrer. Sie erinnerten mich in zahlreichen wertvollen Unterweisungen an den Weg, den ich gehen soll. Ayya Khema für ihre immer wieder inspirierende Lebensgeschichte und Führung sowie Pema Chödron für ihr Wirken als Lehrerin.

Dank meiner lieben Freundin Stephanie Immer fand ich einen natürlichen Weg zurück zur Medialität. Durch dich konnte ich den Umgang mit Hellsichtigkeit und Hellfühligkeit wieder zulassen.

Meinen Eltern danke ich für das kostbare Geschenk des Lebens. Meinen Kindern für ihr wunderbares Wesen, ihre Liebe und unser Zusammensein. Andy Schwab, dir danke ich für deine Großherzigkeit und Liebe. Unsere Begegnung ist wegweisend und ich entdecke die Unendlichkeit wieder.

Des Weiteren danken wir Thomas Schmelzer und dem Team von Mystica.TV für seine Unterstützung und unserer Verlegerin Diana Schulz vom EchnAton Verlag für ihre große Geduld und Hingabe.

Anhang

Der Lebensweg

Nadine Jaeckle arbeitet seit Jahren mit ihrer feinstofflichen Gabe. Schon früh spielten spirituelle Themen und übersinnliche Wahrnehmungen eine große Rolle in ihrem Leben. Ihre ungewöhnliche Entwicklung ›vom MBA zum Medium‹ verdankt sie ihren Erfahrungen mit der geistigen Welt und ihrer Intuition.

Nach dem Studium an einer renommierten Wirtschaftsuniversität wanderte sie in die USA aus. Dort beschäftigte sie sich jahrelang intensiv mit Meditation, Makrobiotik und Yoga. In der Schweiz absolvierte sie eine fundierte Ausbildung als Berufsmedium sowie Yogalehrerin und vertiefte so ihr spirituelles Wissen.

In ihrer Praxis berät sie mit großem Einfühlungsvermögen Menschen in privaten und geschäftlichen Kontext. Mit Hingabe verbindet sie ihre medialen Fähigkeiten mit klassischen und systemischen Methoden.

Andy Schwab, 1965 in Basel geboren, hatte bereits früh intensive mediale Wahrnehmungen und verfolgte seit seiner Kindheit einen spirituellen Weg.

Am angesehenen Arthur Findlay College absolvierte er mehrere Ausbildungen. Er befasste sich mit Studien buddhistischer und schamanischer Weisheitslehren sowie der Yoga Philosophie.

Seit mehr als 20 Jahren wirkt er bereits als Medium, Heiler, spiritueller Berater und Lehrer. Als Botschafter für die geistige Welt hilft er vielen Menschen mit klaren Nachrichten und Hinweisen auf ihrem Lebensweg. Er unterrichtet mit Begeisterung und vor allem langjähriger persönlicher Erfahrung in Meditation und Bewusstwerdung. Yoga und das Lösen von Mustern und Blockaden sind hierbei wichtige Instrumente.

MEDITATIONEN VON ANDY SCHWAB

Mithilfe der Aura- und Herzraum-Meditation wird jede einzelne Aura-Schicht gestärkt und somit können wieder alle vier Ebenen harmonisch zusammen arbeiten. So aktivierst du deine eigenen inneren Kräfte und gelangst bereits nach kurzer Zeit spürbar zu mehr Zuversicht, Gelassenheit, Klarheit, Kraft und Stabilität.

Versenke dich in einen meditativen Zustand und lerne, dich mit der göttlichen und universellen Heilkraft zu verbinden. Nutze diese Meditation der Selbst- und Fernheilung, um deinen Lieben und dir selbst spirituelle Heilung und Kraft, Heilenergie und Lebenskraft (Prana) zu schicken.

MEDITATIONEN VON NADINE JAECKLE

Entdecke den Raum, der dir in jedem Augenblick zur Verfügung steht. Erlebe die Klarheit im Sein und die Freude in der Präsenz. Schenke dir die Verbindung zu dir selbst.

Zu oft identifizieren wir uns über unsere Gedanken, machen uns ein Bild von uns selbst, vergleichen uns mit anderen. Das Sein im Jetzt offenbart sich wie ein leises Flüstern. Es eröffnet dir, was du bist, welche Fülle du vorfindest in jedem Augenblick deines Wegs nach innen. Die Achtsamkeitsmeditationen bieten dir einen idealen Einstieg, um dich mit dem Jetzt zu verbinden.

Eine Hörprobe finden Sie auf unserer Website:

www.echnaton-verlag.de